Coleção

Eu gosto m@is

Gramática e Ortografia

Hermínio Sargentim

Volume 2
Ensino Fundamental

IBEP

2ª edição
São Paulo
2015

Coleção Eu gosto m@is
Gramática e Ortografia – Volume 2
© IBEP, 2015

Diretor superintendente	Jorge Yunes
Diretora editorial	Célia de Assis
Gerente editorial	Maria Rocha Rodrigues
Coordenadora editorial	Simone Silva
Assessoria pedagógica	Valdeci Loch
Analista de conteúdo	Cristiane Guiné
Assistente editorial	Fernanda Santos, Bárbara Odria Vieira
Coordenadora de revisão	Helô Beraldo
Revisores	Beatriz Hrycylo, Cássio Dias Pelin, Fausto Alves Barreira Filho, Luiz Gustavo Bazana, Rosani Andreani, Salvine Maciel
Secretaria editorial e Produção gráfica	Fredson Sampaio
Assistentes de secretaria editorial	Carla Marques, Karyna Sacristan, Mayara Silva
Assistentes de produção gráfica	Ary Lopes, Eliane Monteiro, Elaine Nunes
Coordenadora de arte	Karina Monteiro
Assistentes de arte	Aline Benitez, Gustavo Prado Ramos, Marilia Vilela, Thaynara Macário
Coordenadora de iconografia	Neuza Faccin
Assistentes de iconografia	Bruna Ishihara, Camila Marques, Victoria Lopes, Wilson de Castilho
Ilustradores	José Luís Juhas, Imaginário Stúdio, Eunice/Conexão, João Anselmo e Izomar
Processos editoriais e tecnologia	Elza Mizue Hata Fujihara
Projeto gráfico e capa	Departamento de Arte – Ibep
Ilustração da capa	Manifesto Game Studio
Diagramação	SG-Amarante Editorial

CIP-BRASIL. CATALOGAÇÃO-NA-FONTE
SINDICATO NACIONAL DOS EDITORES DE LIVROS, RJ

S251g
2.ed.

Sargentim, Hermínio G. (Hermínio Geraldo), 1946-
 Gramática e ortografia: ensino fundamental, volume 2 / Hermínio Sargentim. –
2. ed. – São Paulo : IBEP, 2015.
  il. ; 28 cm   (Eu gosto mais)

 ISBN 978-85-342-4445-9 (aluno) / 978-85-342-4446-6 (mestre)

 1. Língua portuguesa – Gramática. I. Título. II. Série.

15-21470   CDD: 372.6
                        CDU: 373.3.016:811.134.3

31/03/2015   06/04/2015

2ª edição – São Paulo – 2015
Todos os direitos reservados

IBEP
Av. Alexandre Mackenzie, 619 – Jaguaré
São Paulo – SP – 05322-000 – Brasil – Tel.: (11) 2799-7799
www.editoraibep.com.br   editoras@ibep-nacional.com.br

Impressão - Gráfica Mercurio S.A. - Agosto 2024

APRESENTAÇÃO

[...]
Bola, papagaio, pião
de tanto brincar
se gastam.

As palavras não:
quanto mais se brinca
com elas
mais novas ficam.

José Paulo Paes. *Poemas para brincar*.
São Paulo: Ática, 1991.

SUMÁRIO

LIÇÃO	GRAMÁTICA	PÁGINA	ORTOGRAFIA	PÁGINA
1	Sílaba	7	Palavras com m/n	10
2	Número de sílabas	14	Palavras com s/z	17
3	Encontro de vogais	22	Palavras com s/z (final)	26
4	Encontro de consoantes	30	Palavras com r/rr	34
5	Sílaba forte	38	Acento agudo	41
6	Posições da sílaba forte	44	Acento circunflexo	47
7	Frase	50	Palavras com ar/er/ir/or/ur	54
8	Frase afirmativa e frase negativa	58	Palavras com ge/gi, je/ji	61
9	Frase exclamativa e frase interrogativa	65	Palavras com x/ch	69
10	Nome das coisas	73	Tipos de ponto	77
11	Nome de lugares	81	Palavras com l/u (final)	84
12	Masculino e feminino	89	Palavras com lha/lia	94

LIÇÃO	GRAMÁTICA	PÁGINA	ORTOGRAFIA	PÁGINA
13	Singular e plural	97	Vírgula	102
14	Nome simples e nome composto	105	Dois-pontos e travessão	108
15	Nome primitivo e nome derivado	111	Til e cedilha	114
16	Nome coletivo	119	Palavras com se/si, ce/ci	124
17	Tamanho das coisas	129	Palavras com qua/gua	132
18	Características dos nomes (parte 1)	135	Palavras com s/ss	140
19	Características dos nomes (parte 2)	143	Palavras com l/u (no meio da palavra)	146
20	Palavras que indicam ação (parte 1)	149	Palavras com ç/ss	152
21	Pessoas que praticam a ação	155	Consoante sem vogal	158
22	Palavras que indicam ação (parte 2)	161	Palavras terminadas em -ão/-am	165

GRAMÁTICA 1

Sílaba

> Pirulito que bate, bate
> Pirulito que já bateu.
> Quem gosta de mim é ela.
> Quem gosta dela sou eu.
>
> Domínio público.

Quando você fala uma palavra, abre a boca uma ou mais vezes.

já

ba-te

pi-ru-li-to

Cada vez que você abre a boca, diz um pedacinho da palavra. Cada pedacinho da palavra recebe o nome de **sílaba**.

ATIVIDADES

1 Desembaralhe as sílabas e forme palavras.

| TO | DA | MA | _____ |

| TA | DEN | DU | RA | _____ |

| LE | VI | SÃO | TE | _____ |

| TE | MA | TO | _____ |

| TIS | DEN | TA | _____ |

2 Responda às adivinhas.

O que é, o que é?

a) Tem coroa, mas não é rei; tem escamas, mas não é peixe. Tem quatro sílabas. _____

b) Entra na casa, mas fica do lado de fora. Tem duas sílabas. _____

c) Qual animal tem quatro pernas pela manhã, duas à tarde, três à noite e tem duas sílabas e começa com a letra **h**? _____

3 Separamos as sílabas das palavras abaixo, mas retiramos uma letra de algumas sílabas.

a) Complete as palavras com as letras que faltam.

s___ - tem - br___   a - m___ - g___

tr___ - b___ - lh___   l___ - vr___

br___n - c___r   qu___r - t___l

c___ - ch___m - b___   b___r - b___ - l___ - t___

c___ - e - lh___ - nh___   d___ - m___n - g___

b) O que há em comum entre todas essas letras que você colocou?

_____

4 Separe as sílabas das palavras destacadas do texto.

> O Otávio era um **chato**, ele me **amolava** o **tempo** todo! Estava **sempre** querendo me abraçar, ficava me chamando de "querida" e às vezes tentava até me beijar.
>
> Béatrice Roner Rosy. *Ele é meu namorado*. São Paulo: Scipione, 1993.

Palavra	Separação de sílabas
_____	_____
_____	_____
_____	_____
_____	_____

9

ORTOGRAFIA 1

Palavras com m/n

O **m** e o **n** são dois irmãos. Mas como são diferentes!

> Sou um pouco envergonhado. Prefiro ficar sozinho no final das palavras, ou então na companhia de meus amigos inseparáveis: **p** e **b**.

Palavras com am	b**am**bu c**am**po est**am**pa	l**âm**pada **lam**parina r**am**pa	s**am**ba t**am**bor t**am**pa	v**am**piro **lam**bada b**am**bolê
Palavras com em	algu**ém** dez**em**bro **em**baixo	**em**bora **em**brulho **em**pada	**em**prego **em**purrão l**em**brar	ningu**ém** ont**em** s**em**pre
Palavras com im	bolet**im** cach**im**bo car**im**bo	**im**portante jard**im** jasm**im**	l**im**peza l**im**po marf**im**	pat**im** cup**im** alecr**im**
Palavras com om	b**om** b**om**ba b**om**b**om**	b**om**bril c**om**positor c**om**prido	l**om**bo marr**om** **om**bro	p**om**bo s**om** s**om**bra
Palavras com um	at**um** b**um**bo b**um**b**um**	ch**um**bo jej**um** r**um**	**um**bigo c**um**prir c**um**buca	t**um**ba **um**bu z**um**bi

10 GRAMÁTICA E ORTOGRAFIA

Palavras com an	am**an**te **an**dar **an**dorinha **an**jo	**an**ta **an**tigo atl**ân**tico b**an**co	c**an**sado dist**an**te dur**an**te elef**an**te	esp**an**to gr**an**de j**an**tar m**an**ga
Palavras com en	**en**cantado **en**canto **en**contro **en**costar **en**farte	**en**fermeiro **en**fezado **en**goliu **en**gordar **en**joo	**en**rolar **en**saio **en**sino **en**tendido **en**terro	**en**trada **en**xada
Palavras com in	c**in**to c**in**za **in**crível **in**dústria **in**fância	**in**flação **in**jeção **in**quilino **in**seto **in**teiro	**in**teresse **in**trometido **in**vasão **in**veja **in**ventor	labir**in**to m**in**to
Palavras com on	b**on**de c**on**tato c**on**to c**on**tra enc**on**tro	f**on**te h**on**ra m**on**te **on**ça **on**da	**on**tem **on**ze p**on**te p**on**to pr**on**to	t**on**to apr**on**to
Palavras com un	an**ún**cio corc**un**da	f**un**do im**un**do	m**un**do seg**un**do	vagab**un**do

Sou alegre e gosto de brincar com todas as letras. Só não suporto ficar antes do **b** e do **p**.

ATIVIDADES

1 Circule, com lápis colorido, as palavras escritas com **m** antes de **p** e **b**, no texto "A bomba".

A bomba

Como o tombo de um gigante,
a bomba explodiu no ar.
A bomba virou nuvem.

E uma pomba que passava
Tombou e morreu.
A lâmpada se apagou.
E uma sombra cobriu o mundo.

Era o fim.

Hermínio Sargentim.
Texto escrito especialmente
para esta obra.

2 Complete com **m** ou **n** e escreva as palavras novamente.

ve___to _____   mu___do _____

te___po _____   de___te _____

ja___bo _____   ra___pa _____

sa___ba _____   o___bro _____

li___po _____   ba___bu _____

GRAMÁTICA E ORTOGRAFIA

3 Vamos brincar de jogo da velha?

Sente-se junto a um colega. Tirem par ou ímpar para escolher quem começa o jogo. O primeiro a jogar escreve uma palavra em um dos espaços do jogo.

Mas, atenção: vocês só devem escrever palavras com **n** ou **m** em final de sílaba. Ganha o jogo quem conseguir escrever primeiro, na horizontal, na vertical ou na diagonal, três palavras com **m** ou três palavras com **n** em final de sílaba.

É só traçar o diagrama no caderno ou em uma folha à parte.

4 Complete o texto com as palavras do quadro.

elefante – onça – ponte – pombo
bambu – contou – bombeiro – fundo

O elefante e a onça

A _____ foi atravessar o rio numa _____ de _____.

O bambu quebrou e a _____ caiu no _____ do rio.

O bem-te-vi viu e falou:

— Bem te vi! Bem te vi!

O _____ também viu e voou. _____ para o elefante, que é o _____ da mata.

O _____ veio. Derrubou uma árvore e salvou a pobre _____.

GRAMÁTICA 2 — Número de sílabas

Observe o número de sílabas que uma palavra pode ter.

Palavra	Divisão de sílabas	Número de sílabas
sol	sol	**uma** sílaba
mar	mar	
bola	bo - la	**duas** sílabas
papel	pa - pel	
janela	ja - ne - la	**três** sílabas
cinema	ci - ne - ma	
telefone	te - le - fo - ne	**quatro** ou **mais** sílabas
matemática	ma - te - má - ti - ca	

ATIVIDADES

1 Encontre na cartela do bingo a fileira ou a coluna que estiver correta.

7 letras	4 sílabas	3 consoantes	galo
cachorro	macaco	5 letras	1 sílaba
3 vogais	coruja	6 letras	3 consoantes
5 consoantes	hipopótamo	6 sílabas	10 letras

2 Agora, crie uma nova cartela e peça a alguém que encontre a fileira ou a coluna correta.

7 letras			Marcelo
	3 vogais		
		6 letras	
Daniela			7 letras

3 Com as sílabas abaixo, forme todas as palavras que você conseguir. Pode-se repetir a mesma sílaba.

ma – an – fa – se – ro – ta – hor – li – so – da

_____

_____

4 Separe as sílabas. Escreva o número de sílabas.

Palavra	Separação de sílabas	Número de sílabas
trabalho	tra-ba-lho	três sílabas
cidade		
papel		
bicicleta		
cor		

5 Leia o texto e faça o que se pede.

Sou pretinho... pretinho
de uma perna só.
Uso gorro vermelhinho
e cachimbo de cipó.

Faço cada traquinada!
Eu sou esperto como eu só...!
Quem sou?

Procure no texto:

a) duas palavras com uma sílaba.
_____

b) três palavras com duas sílabas.
_____

c) três palavras com três sílabas.
_____

d) duas palavras com quatro sílabas.
_____

ORTOGRAFIA 2

Palavras com s/z

Z

Chegamos então até o Z,
Que vem o abecedário encerrar.
É de zabumba, zebra, zorro e zunir,
Zico, Zeca e zíper, para os versos fechar.

Darci Maria Brignani. ...
de A a Z, de 1 a 10...

Palavras com z

amizade	dezessete
anzol	doze
azar	fraqueza
azarado	gaze
azeite	gozado
azeitona	localização
azul	luzes
azulejo	moleza
batizado	onze
beleza	prazer
bezerro	prejuízo
buzina	prezado
cafezal	quinze
catorze	quinzena
certeza	razão
cozido	reza
cozinha	vazio
cozinheira	vizinho
desprezo	zangado
dezembro	zangão
dezena	zebra

Palavras com s

aceso	defesa	piso
alisar	desejo	precisar
amoroso	desenho	preso
análise	divisão	prisão
asa	explosão	raso
atraso	famoso	rasura
aviso	gasosa	revisão
besouro	ilusão	risada
blusa	isolado	riso
bondoso	liso	rosa
brasa	lousa	sobremesa
camisa	manhoso	televisão
caridoso	medroso	tesoura
carinhoso	mesa	vasilha
casa	mesada	vaso
casaco	música	visão
casamento	paralisar	visita
causa	paralisia	
confusão	pesadelo	
decisão	pesquisa	

ATIVIDADES

1 Forme novas palavras acrescentando a terminação **-eza**.

claro _____   triste _____

lindo _____   limpo _____

rico _____   firme _____

grande _____   ligeiro _____

pobre _____   puro _____

2 Escreva o plural e o feminino de cada palavra. Observe o exemplo.

	Plural	Feminino
japonês	japoneses	japonesa
português	_____	_____
camponês	_____	_____
freguês	_____	_____
francês	_____	_____

3 Preste atenção às palavras que o professor vai falar.

Escreva no caderno somente aquelas escritas com **z**.

Depois, confira com seus colegas de classe as palavras que vocês escreveram.

4 Copie em seu caderno, de um jornal, revista ou livro, palavras escritas com **z** e palavras escritas com **s** com som de **z**. Sente-se junto a um colega. Dite para ele em qualquer ordem as palavras que copiou. O seu colega deve escrever somente as palavras escritas com **s** com som de **z**. Depois, é a vez do seu colega fazer o ditado e você escrever as palavras. Quando terminarem, confiram as palavras escritas.

5 É seu aniversário. Sua mãe foi ao mercado e pediu a você que anotasse tudo o que ela teria de comprar para a festa. Ela pediu também que você escrevesse os numerais por extenso.

Lista de compra

10 quilos de salsicha _____

11 dúzias de bexiga _____

13 quilos de farinha _____

14 caixas de suco _____

15 pacotes de chocolate _____

12 quilos de pipoca _____

3 latas de leite condensado_____

6 No texto abaixo, algumas palavras estão incompletas. Preencha os espaços com **s** ou **z**.

Casa

Ca___a no céu
no topo do céu.
Ca___a de lu___es
Com trapé___io de nuvens,
a trombeta dos anjos
e muitíssimo ânimo para brincar.

Henriqueta Lisboa. *O menino poeta*. Porto Alegre: Mercado Aberto, 1991.

GRAMÁTICA 3

Encontro de vogais

Dia e noite

O dia veio. A noite vai.
A noite veio. O dia vai.
O dia é bebê e a noite é vovó.
A noite é bebê e o dia é vovô.
Eu vivo o dia. Eu vivo a noite.

Hermínio Sargentim.
Texto escrito especialmente para esta obra.

Observe as palavras **dia** e **noite**.

d ia   n oi te

Nessas palavras, as vogais estão juntas. Formam um **encontro de vogais**.

d ia   n oi te
  ↓   ↓
encontro de vogais   encontro de vogais

O encontro de vogais pode estar:

a) na mesma sílaba

rei   pão   mãe

boi   ca-dei-ra   cai-xa

b) em sílabas diferentes

vi-o-la   lu-a   ba-ú

co-ro-a   co-e-lho   ca-no-a

ATIVIDADES

1 Copie as palavras, completando-as com encontros de vogais.

c____xa   p____xe   s____dade

pap____   l____co   coraç____

2 Forme palavras com os seguintes encontros de vogais.

ua _____

eu _____

ai _____

3 Circule os encontros de vogais.

Sapo-cururu

Da beira do rio!
Não me bote n'água
Que eu morro de frio.
Sapo-cururu
Que fazes lá dentro?
Estou calçando as meias
Pro meu casamento.

Domínio público.

4 Em algumas palavras, as vogais ficam na mesma sílaba.
Separe as sílabas e veja como isso acontece.

louco _____   pouco _____

poleiro _____   moita _____

cadeira _____   mandou _____

5 Em algumas palavras, as vogais ficam em sílabas diferentes.
Separe as sílabas e veja como isso acontece.

saúde _____   viúva _____

poluído _____   violão _____

coroa _____   ciúme _____

6 Invente palavras com os encontros de vogais do quadro.

> au – ai – eu – oi – ui – io – ei – iu

_____

_____

_____

7 Vamos ver se você descobre a resposta destas adivinhas.
Escreva-as nos quadros, separando as palavras em sílabas.
Em todas as palavras aparecem encontros de vogais.
O que é, o que é?

Tem boca, mas não come nem fala.

É feito para andar, mas não anda.

Quanto mais cresce menos se vê.

25

ORTOGRAFIA 3 — Palavras com s/z (final)

— Um, dois...
— ... feijão com arroz.
— ... três, quatro...
— ... feijão no prato.
— ... cinco, seis...
— ... chegou minha vez.
— ... sete, oito...
— ... comer biscoito.
— ... nove, dez...
— ... comer pastéis... Mas não tem pastéis!
— E agora?

Paulo Mendes Campos. *A arte de ser neta*.

Palavras com z final	Palavras com s final	Palavras no plural
arro**z**	francê**s**	as bolas
atri**z**	gá**s**	as borboletas
avestru**z**	inglê**s**	os cadernos
capu**z**	japonê**s**	os carros
carta**z**	lápi**s**	as casas
cru**z**	marquê**s**	os dias
de**z**	mê**s**	as escolas
fe**z**	óculo**s**	as focas
gi**z**	ônibu**s**	os livros
infeli**z**	portuguê**s**	as máquinas
jui**z**	pô**s**	os meninos
lu**z**	qui**s**	as mesas
matri**z**	trê**s**	os pássaros
nari**z**	freguê**s**	as revistas
pa**z**	componê**s**	
rapa**z**		
talve**z**		
velo**z**		
ve**z**		
vo**z**		

ATIVIDADES

1. Escreva os nomes no singular.

as luzes _____   os rapazes _____
os gizes _____   as atrizes _____
as cruzes _____   os ingleses _____
os cartazes _____ os meses _____

2. Escreva os nomes no plural.

o estojo _____   a bicicleta _____
a rua _____   o menino _____
o carro _____   o caderno _____

3. Copie do quadro abaixo as palavras que têm uma sílaba.

> luz – ônibus – paz – gás – nariz – atriz – giz
> óculos – dez – mês – veloz – vez – lápis – três

_____
_____

4. Escreva a frase no plural.

O juiz assinou um decreto que obriga o morador a retirar o cartaz.

_____
_____

5 Copie no quadro abaixo as palavras, separando aquelas que, no final, levam **s** daquelas que levam **z**.

rai✹ – atrá✹ – ananá✹ – atri✹
fero✹ – infeli✹ – qui✹ – invé✹
pire✹ – francê✹ – descortê✹ – altive✹

Palavras escritas com s	Palavras escritas com z
_____	_____
_____	_____
_____	_____

6 Copie as frases, usando a vírgula para separar palavras colocadas numa enumeração.

a) A atriz comprou vinho francês DVD inglês livro português.

_____

b) Avestruz é uma ave alta veloz e imponente.

_____

7 Como se chama quem nasce:

na China? _____   na França? _____

na Noruega? _____   na Polônia? _____

GRAMÁTICA 4

Encontro de consoantes

O trem

O trem chega apitando:
— Piui i i i. Piui i i i...
Avisa a toda gente que vai viajar.
— Chi! Chi! Chi!... Chu! Chu! Chu!... Chi! Chi! Chi!...
O trem sai devagarinho: Choque! Choque!
A roda rodando, rodando sem parar, vai correndo pelo campo:
— Choque-choque! Choque-choque!

Mary França e Eliardo França. *O trem*.

Veja a palavra **trem**.

t r e m

Nessa palavra, as consoantes estão juntas. Formam um **encontro de consoantes**.

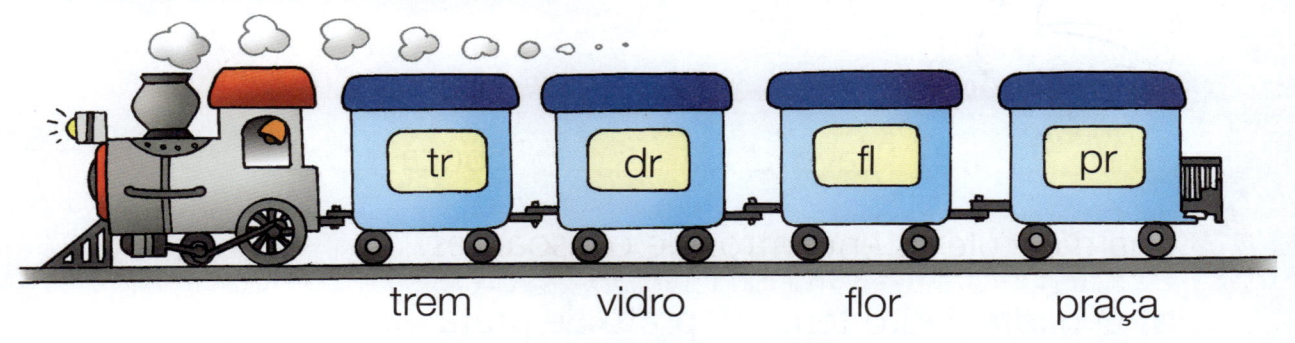

trem   vidro   flor   praça

Em algumas palavras, o encontro de consoantes fica na mesma sílaba.

BL – **bl**o-co	DR – vi-**dr**o	PL – **pl**an-ta
BR – **br**a-vo	FL – **fl**e-cha	PR – **pr**a-to
CL – **cl**a-ro	FR – **fr**a-co	VR – li-**vr**o
CR – **cr**a-vo	GL – **gl**o-bo	TR – **tr**a-ba-lho

Em outras palavras, o encontro de consoantes fica em sílabas diferentes.

Lista de compras
- Arroz
- Feijão
- Maçãs
- Bananas
- Macarrão
- Carne
- Verdura
- Ovos
- Batatas

li**s**ta   li**s** – ta   pi**s**ta   pi**s** – ta

ATIVIDADES

1 Forme novas palavras acrescentando a letra **r**.

pato – prato

faca _____   bota _____

cavo _____   boca _____

2 Leia e circule os encontros de consoantes.

a) O padre Pedro tem um prato de prata.

b) Um tigre, dois tigres, três tigres.

c) Troca o trinco, traz o troco.

3 Complete as palavras com um encontro de consoantes.

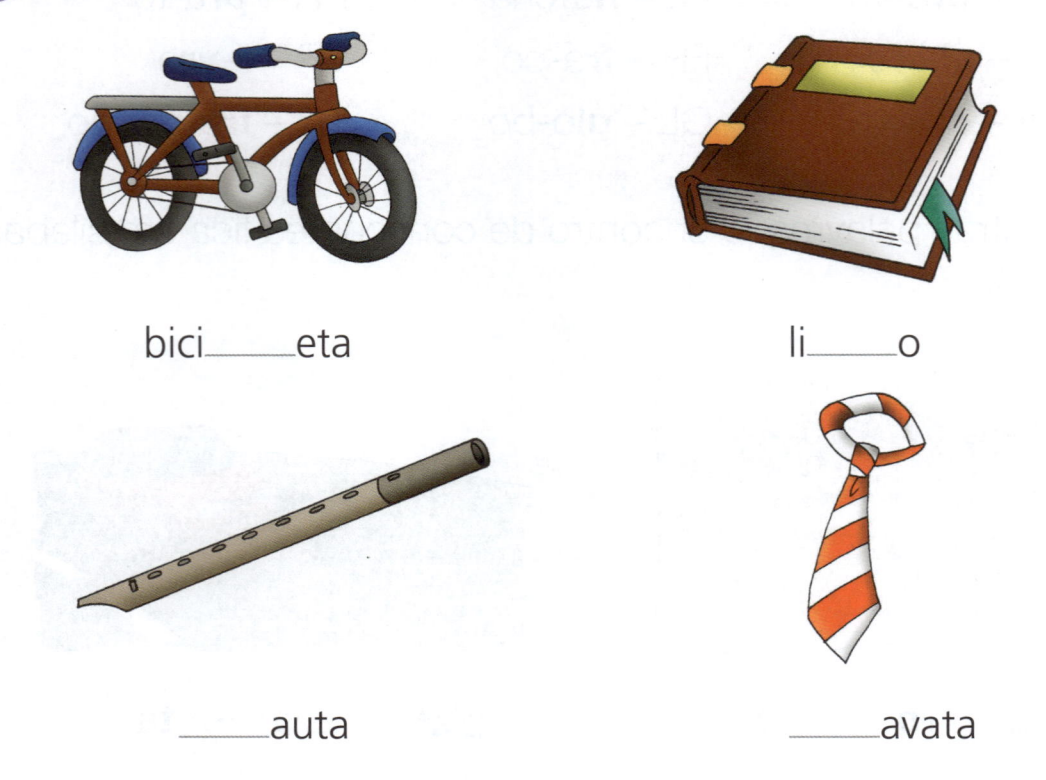

bici_____eta

li_____o

_____auta

_____avata

4 Pense em uma frase em que apareçam pelo menos três palavras com encontros de consoantes.

Escreva a frase em um pedaço de papel, deixando em branco os lugares nos quais devem ser escritas as palavras com encontros de consoantes.

Troque o seu pedaço de papel com um colega. Cada um deverá tentar descobrir as palavras com encontros de consoantes que completam a frase e escrevê-las a lápis nos espaços.

Quando terminarem, sentem-se juntos e confiram as respostas.

5 Em cada coluna, escreva cinco nomes que tenham um encontro de consoantes.

Nome de pessoa	Nome de animal	Nome de flor	Nome de cidade
_____	_____	_____	_____
_____	_____	_____	_____
_____	_____	_____	_____
_____	_____	_____	_____
_____	_____	_____	_____

6 Separe as sílabas.

porta – por-ta

corta _____

subsolo _____

ritmo _____

costa _____

ORTOGRAFIA 4

Palavras com r/rr

O gato e o rato

O gato viu o rato.
O rato viu o gato.
— Corre, rato — gritou a barata.
O rato correu.
O gato correu.
O rato viu o buraco no muro.
O rato passou. O gato ficou.
— Gato bobo — falou a barata.

Hermínio Sargentim.
Texto escrito especialmente para esta obra.

GRAMÁTICA E ORTOGRAFIA

Palavras com r (som de barata)

abacateiro	buraco	girafa
arado	cadeira	marido
arame	careca	muro
arara	ferido	parada
besouro	geladeira	parede

Palavras com r inicial (som de rato)

rabo
ramo
raso
rede
rei
remo
riu
roda
rodo
roeu
rola
rolo
Roma
rosa
roupa

Palavras com rr (som de carro)

amarrado
arrepio
barraca
barraco
barriga
barro
burro
corrida
errado
ferro
garrafa
garrafão
gorro
jarra
marreco

ATIVIDADES

1 Observe estas palavras: roda   caro   carro

a) Quais são as palavras em que o **r** tem o mesmo som?

_____

b) Em qual dessas palavras o **r** tem som fraco?

_____

c) Quando a letra **r** vem no começo da palavra, tem som fraco ou som forte?

_____

2 Distribua as palavras do quadro em dois grupos, de acordo com o som do **r**.

risada   arara   girafa   recado   arado   cadeira
Roma   rua   barata   roupa   careca   retalho

Grupo 1	Grupo 2
_____	_____
_____	_____
_____	_____

Agora, responda: o que você notou de diferente entre esses grupos?

36 GRAMÁTICA E ORTOGRAFIA

3 Forme outra palavra acrescentando ou retirando um **r**.

carro _____   aranha _____

carrinho _____   morro _____

fera _____   muro _____

tora _____   encerra _____

4 Complete as palavras com **r** ou **rr**.

____oda   ____osa   ama____elo

gir____afa   co____ida   ba____aco

bu____aco   ama____ado   ca____egava

5 Junte as sílabas e forme palavras.

bar - ri - ga _____

car - re - ta _____

ar - ru - da _____

cor - ri - da _____

ser - ro - te _____

ci - gar - ra _____

6 Invente uma historinha com as palavras do quadro.

rato – rei – roupa – barata – barriga

_____

_____

_____

_____

GRAMÁTICA 5

Sílaba forte

Mesa-redonda

Em um belo céu de anil,
os urubus, fazendo ronda,
discutem, em mesa-redonda,
os destinos do Brasil.

Sérgio Capparelli. *Tigres no quintal*.

Ao ler uma palavra, você pronuncia sempre uma sílaba com mais força. É a **sílaba forte** da palavra.

u - ru - **bu**

Em toda palavra, existe sempre uma sílaba forte.

mesa **me** - sa

Brasil Bra - **sil**

destino des - **ti** - no

ATIVIDADES

1) Complete as palavras com a sílaba forte.

a) jaca_____   d) _____quina   g) cora_____

b) bo_____ca   e) _____pis   h) ga_____nha

c) pa_____te   f) _____culos   i) ar_____la

2) Leia em voz alta o texto "A patota". Durante a leitura, dê destaque às sílabas fortes.

A patota

A patota
Do pato
Quis fazer
De pato
O ganso.

O ganso
Que era manco
Mas pateta
Não era
Deu no pé
De bicicleta.

Sérgio Capparelli. *Boi da cara preta*.

3 Leia as palavras em voz alta. Separe as sílabas e circule a sílaba forte.

> camelo   ca –(me)– lo

café _____   política _____

Panamá _____   covarde _____

Fabiana _____

4 Pinte o quadrinho da sílaba mais forte.

bo	né		
sé	cu	lo	
en	gra	ça	do
fu	te	bol	

má	qui	na	
es	ti	le	te
ex	po	si	ção
bran	do		

5 Em algumas palavras da cantiga abaixo, falta a sílaba forte. Complete essas palavras.

> O cravo brigou com a _____sa
>
> debaixo de uma sa_____da.
>
> O cravo saiu fe_____do,
>
> a rosa, despeda_____da.
>
> Domínio público.

ORTOGRAFIA 5

Acento agudo

> Lá em cima daquele morro
> Tem um pé de abricó
> Quem quiser casar comigo
> Vá pedir a minha avó.
>
> Domínio público.

Veja as palavras.

| p**é** | v**á** | abric**ó** | av**ó** |

O sinal usado nas vogais das palavras acima é chamado **acento agudo** (´).

O acento agudo indica que a vogal tem **som aberto**.

ATIVIDADES

1) Pinte os quadros das palavras que devem ter acento agudo.

- cafe
- atras
- pagina
- fuba
- irmã
- bone
- coração
- lapis

2) Reescreva as frases, usando o acento quando necessário.

a) Escondi o lapis e os oculos atras da arvore.

_____

_____

b) Ela tomou cafe na xicara da vovo.

_____

_____

c) O medico trabalha numa clinica.

_____

_____

d) Eu não gosto de Matematica, mas gosto de Historia.

_____

_____

GRAMÁTICA E ORTOGRAFIA

3 Os versinhos que você vai ler a seguir são trechos de cantigas de roda. Use as palavras do quadro para completar os espaços em branco nos versos. Mas, atenção: todas as palavras levam acento agudo. Ao escrevê-las nos espaços, acentue-as.

> filo – ceu – pe – cafe – sinha
> abobora – maracuja – chamine – sinha

De _____ faz melão,
De melão faz melancia.
Faz doce, _____, faz doce, _____,
Faz doce de _____.

Eu vi três meninas
Na _____;
Tão pequeninas
Fazendo _____!

O _____ estava escuro
Mas não é para chover
Meu amor está doente
Mas não é para morrer.

A barata diz que tem
Sete saias de _____.
É mentira da barata
Ela tem é uma só.

Eu plantei um _____ de rosa
Para te dar um botão.
O _____ de rosa morreu, ai, ai, ai!
Eu te dou meu coração.

43

GRAMÁTICA 6

Posições da sílaba forte

Vamos aprender a localizar a posição das sílabas em uma palavra.

Observe as sílabas da palavra **caneta**.

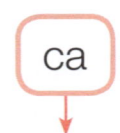

ca	ne	ta
Esta é a antepenúltima sílaba.	Esta é a penúltima sílaba.	Esta é a última sílaba.

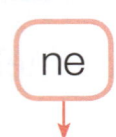

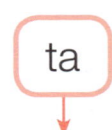

A sílaba forte pode ser:

a) a **última** sílaba

bo - né    ca - ju    ja - ca - ré

b) a **penúltima** sílaba

ma - ca - co    me - sa    te - le - fo - ne

c) a **antepenúltima** sílaba

pi - râ - mi - de    mú - si - ca    má - gi - co

ATIVIDADES

1 Em qual posição está a sílaba forte?

lâm-pa-da _____   ca-va-lo _____

Pa-ra-ti _____   do-ce _____

mon-ta-nha _____   má-qui-na _____

2 Depois de ler em voz alta a palavra, separe as sílabas circulando a sílaba forte. Escreva ao lado a posição da sílaba forte.

coração _____   _____

chicote _____   _____

mágico _____   _____

árvore _____   _____

jenipapo _____   _____

canguru _____   _____

3 Ordene as sílabas. Escreva as palavras e circule a sílaba forte.

a) lo me ca

c) a bo ra bó

b) quei pi ro po

d) dri ma nha

4 Distribua as palavras no quadro de acordo com a posição da sílaba forte.

> anel – sorvete – sorrir – fácil – móvel – pêssego
> irmão – cinto – exército – filho – falar
> girassol – embalagem – picolé – fubá – câmera

Última	Penúltima	Antepenúltima

5 Dê o nome de cada figura e copie, ao lado, a sílaba forte.

GRAMÁTICA E ORTOGRAFIA

ORTOGRAFIA 6

Acento circunflexo

> Quando Pedro descobriu
> que um bebê crescia dentro
> da barriga da mamãe
> disse a ela — chega aqui!
> Pôs a boca em seu umbigo,
> qual bocal de telefone,
> pra falar com seu irmão.
>
> Elza Beatriz. *Pare no P da poesia*.

Veja as palavras.

bebê ônibus lâmpada

O sinal usado nas palavras **bebê**, **ônibus** e **lâmpada** chama-se acento **circunflexo** (^).

O acento circunflexo é usado nas vogais de **som fechado**.

ATIVIDADES

1 Copie de um dicionário palavras que levem acento circunflexo, cada uma iniciando com uma letra do alfabeto.

Depois, reúna-se com mais dois colegas.

Organizem, juntos, uma lista de todas as palavras que vocês copiaram, colocando-as em ordem alfabética. Se houver palavras repetidas, copiem uma vez só. Cada um poderá escrever a sua lista no caderno.

2 Em quais das palavras do quadro você colocaria acento circunflexo?

> flamula – táxi – pavão – doce
> mãe – buque – higiene – trico
> mes – tenis – bibelo – quilometro

3 Copie a frase, substituindo os desenhos por palavras. Não se esqueça de usar o acento circunflexo.

a) Eu vou para a escola de 🚌 e sempre levo um 🥭 para o lanche.

48 GRAMÁTICA E ORTOGRAFIA

4 Complete as frases com palavras que tenham acento circunflexo.

a) Fui de _____ para a casa de vovô.

b) Você trocou as três _____ da sala?

c) O _____ vendia _____ para o _____.

5 Atividade em grupo. Reúna-se com um colega e, juntos, copiem de um dicionário palavras que levem acento circunflexo iniciadas pelas letras abaixo.

A _____   M _____
B _____   O _____
C _____   P _____
E _____   R _____
I _____   S _____
J _____   T _____
L _____   V _____

6 Seu professor irá ditar algumas palavras. Escreva-as na coluna correta do quadro abaixo.

Palavras com acento circunflexo	Palavras com acento agudo

GRAMÁTICA 7

Frase

Ao falar ou ao escrever, nós organizamos as palavras em pequenos conjuntos.

Veja como isso ocorre no texto abaixo.

Mundo colorido

As flores parecem existir só para deixar o mundo bonito. Mas o visual é uma estratégia. As cores atraem animais que levam pólen de uma flor para outra, ajudando na reprodução dos vegetais.

Revista *Recreio*, n. 464.

Para escrever esse texto, o autor organizou as palavras em três conjuntos.

Conjunto 1 – As flores parecem existir só para deixar o mundo bonito.

Conjunto 2 – Mas o visual é uma estratégia.

Conjunto 3 – As cores atraem animais que levam pólen de uma flor para outra, ajudando na reprodução dos vegetais.

Cada um desses conjuntos transmite uma informação e recebe o nome de **frase**.

Letra maiúscula

Observe a letra inicial no começo de frases. O que ela tem de diferente?

Você deve ter notado que a letra inicial de uma frase é sempre uma **letra maiúscula**.

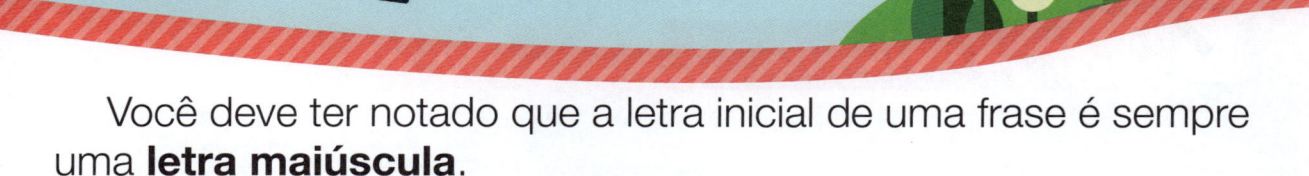

Ponto

O sono

Os animais dormem para poupar energia, descansar os músculos e permitir ao cérebro processar as informações que eles absorvem enquanto estão acordados. **A**lguns animais caçadores dormem bastante porque dedicam apenas umas poucas horas diárias a procurar alimento. **J**á os animais que são caçados passam muito mais tempo acordados e alertas.

Enciclopédia visual Recreio. São Paulo: Ed. Abril, 2008.

Observe o final de uma frase no texto.

Lobo mau? Será?

"Para que essa boca tão grande**?** Para te comer**!**" Quem conhece a história de Chapeuzinho Vermelho, com certeza, se lembra dessa conversa**.** No conto, o lobo não é flor que se cheire, aliás, é malvado à beça**.** Por conta da fábula que correu o mundo, acredita-se que, onde há lobo, há perigo**.** Será**?** No caso do lobo-guará, é ele que corre risco: o de sumir do mapa**!**

Revista *Ciência Hoje das Crianças*, n. 195.

Você deve ter notado que, no final de uma frase, usa-se sempre um **ponto**.

ATIVIDADES

1 Invente uma pequena história. Faça frases para cada quadrinho abaixo. Dê um título para sua história.

GRAMÁTICA E ORTOGRAFIA

2 As frases abaixo formavam um texto, mas saíram de seus lugares, criando a maior confusão. Coloque as frases nos lugares certos. Você deve organizá-las em três parágrafos.

Primeiro parágrafo: antes da chuva.

Segundo parágrafo: formação das nuvens.

Terceiro parágrafo: início da chuva.

Dê um título para o texto.

Aí se transformou em milhares de gotinhas.
Veio o vento e enrolou a nuvem.
Mas a nuvem gostava mesmo era de chover.
Caiu uma chuvarada.
A nuvem estava no céu. Era comprida, comprida.
Então escureceu.
Gostou de brincar de virar e virou nuvem-bicho. Foi nuvem-gato, nuvem-coelho, nuvem-girafa.
E as gotinhas começaram a pingar: primeiro devagar, depois com força.
Ficou bem, bem escura.
Ela virou bola.

_____
_____
_____
_____
_____
_____

ORTOGRAFIA 7

Palavras com ar/er/ir/or/ur

Proibido ou permitido

É proibido pular o muro
   pular a cerca
   furar a lona
   furar o cerco
para ver o circo de graça.
Mas também é proibido
criança não ver o circo
só porque não tem dinheiro.
Por isso diz o poeta:
É permitido pular o muro
   pular a cerca
   furar a lona
   furar o cerco
Para roubar um pouco de sonho.

Roseana Murray. *O circo*.

Palavras com ar

açúc**ar**	**jar**dim
argola	**lar**
arma	**lar**gura
arte	m**ar**
árvore	m**ar**ço
b**ar**co	p**ar**que
c**ar**ta	p**ar**tida
c**ar**tilha	p**ar**tido
col**ar**	s**ar**dinha
f**ar**da	t**ar**de
g**ar**fo	d**ar**do

Palavras com er

c**er**ca	n**er**voso
c**er**veja	p**er**gunta
erva	p**er**to
ervilha	v**er**bo
esp**er**to	v**er**dade
mulh**er**	v**er**melho

Palavras com ir

c**ir**co	**ir**mã
f**ir**me	**ir**mão
f**ir**meza	

Palavras com ur

c**ur**so	t**ur**ma
s**ur**do	**ur**sa
t**ur**co	**ur**so

Palavras com or

abrid**or**	fl**or**
at**or**	f**or**te
b**or**dado	g**or**da
cal**or**	h**or**ta
cant**or**	isop**or**
c**or**da	j**or**nal
c**or**neta	m**or**dida
c**or**te	m**or**te
d**or**	**or**dem
fav**or**	**or**valho

55

ATIVIDADES

1. O texto seguinte foi escrito com letras maiúsculas. Mas o autor se esqueceu de usar o ponto no final das frases.

> NOS PAÍSES RICOS, CADA PESSOA PRODUZ POR ANO DE CINCO A DEZ VEZES O PESO DO PRÓPRIO CORPO EM LIXO E O QUE ACONTECE COM ESSE LIXO É RECICLADO 60% DE TUDO O QUE VOCÊ JOGA FORA PODE VIRAR ADUBO OU SER RECICLADO
>
> *Planeta Terra*: enciclopédia de ecologia. São Paulo: Ed. Abril, 2008.

Reescreva o texto usando o ponto e a letra inicial maiúscula somente no começo de frases.

_____
_____
_____

2. Descubra palavras unindo as sílabas do retângulo.

cor – por – bar – na – to – ta – ba – da – per – co – te

_____
_____
_____
_____

GRAMÁTICA E ORTOGRAFIA

3 Separe as sílabas.

argola _____	cartilha _____
mercado _____	jardim _____
esperto _____	parque _____
orvalho _____	partido _____
turma _____	largura _____
bordado _____	pergunta _____
vermelho _____	torta _____

4 Continue escrevendo palavras com **ar**, **er**, **ir**, **or**, **ur**, no meio ou no final da palavra.

a) Palavras que dão nome a objetos.

armário, _____

_____

b) Palavras que dão nome a profissões.

artista, _____

_____

c) Palavras que indicam características.

trabalhador, _____

_____

d) Palavras que indicam ações.

escrever, _____

_____

57

GRAMÁTICA 8

Frase afirmativa e frase negativa

As estrelas

As estrelas não são eternas. Elas nascem, vivem e morrem. Até mesmo o Sol, que é uma estrela, um dia também vai acabar. Um dia daqui a dez milhões de anos... Com telescópios poderosos e a ajuda de observatórios espaciais, os astrônomos conseguem ver as transformações das estrelas. E descobriram, entre outras coisas, que, quando olhamos para o céu, uma parte das estrelas que vemos já morreram há muito tempo. A sua distância de nós é tão grande que, quando a luz que emitem chega até aqui, elas mesmas já não existem.

Revista *Ciência hoje das crianças*, n. 20.

Ao fazer uma frase, você pode **afirmar** alguma coisa. Essa frase recebe o nome de **frase afirmativa**.

> As estrelas nascem, vivem e morrem.

Ao fazer uma frase, você pode **negar** alguma coisa. Essa frase recebe o nome de **frase negativa**.

> As estrelas não são eternas.

No fim de uma frase afirmativa ou negativa, você usa o **ponto- -final**.

ATIVIDADES

1 Pense no que você faz desde a hora em que acorda até a hora em que chega à escola.

Escreva cinco frases afirmativas sobre a sua rotina.

_____
_____
_____
_____
_____

2 Pense em cinco coisas que você não faz ou não gosta de fazer. Escreva cinco frases negativas que digam o que você não faz ou não gosta de fazer.

_____
_____
_____
_____
_____

3 Escreva as palavras em ordem e descubra uma informação importante sobre a dengue.

| tarefa | a | | é | Combater | | todos. | de | | dengue | |

_____
_____
_____
_____

4 Construa frases negativas para as figuras abaixo.

ORTOGRAFIA 8

Palavras com ge/gi, je/ji

Passe de mágica

Com um passe de mágica,
o fogo virou gelo.

Com um passe de mágica,
a garrafa virou girafa.

Com um passe de mágica,
a berinjela virou tigela.

Com um passe de mágica,
a laranjeira virou geladeira.

Com um passe de mágica,
eu virei rei.

Hermínio Sargentim.
Texto escrito especialmente
para esta obra.

Palavras com ge

baga**ge**m	**gê**nio
carrua**ge**m	**ge**nro
cora**ge**m	**ge**nte
gara**ge**m	**ge**rente
gelado	**ge**sso
gelatina	**ge**sto
geleia	ima**ge**m
gelo	lava**ge**m
gema	li**ge**iro
gêmeo	ti**ge**la
general	al**ge**ma

Palavras com gi

a**gi**r
a**gi**tado
ar**gi**la
gen**gi**va
gigante
gilete
ginásio
ginástica
gincana
girafa
girassol
gíria
giz

Palavras com je

berin**je**la	**Je**sus
gor**je**ta	la**je**
ho**je**	laran**je**ira
in**je**ção	ma**je**stade
jeito	pa**jé**
jejum	su**je**ira
jesuíta	

Palavras com ji

an**ji**nho
can**ji**ca
jiboia
jiló
jipe
lo**ji**sta

62 GRAMÁTICA E ORTOGRAFIA

ATIVIDADES

1 Vamos descobrir quem se saiu melhor na pescaria?

O pescador de camisa azul só pescou palavras com **ge** ou **gi**.

O pescador de camisa amarela só pescou palavras com **je** ou **ji**.

Complete as palavras com **ge**, **gi**, **je** ou **ji**.

Conte as palavras que cada pescador conseguiu pegar para descobrir quem se saiu melhor na pescaria.

pescador de camisa azul

pescador de camisa amarela

____rafa

gor____ta

ti____la

a____tar

____ló

can____ca

lo____sta

rabu____ce

exi____r

selva____m

____boia

ho____

tra____

____leia

ma____a

2 Copie, em seu caderno, o texto "Passe de mágica" (p. 61). Faça um círculo com lápis vermelho nas palavras com **ge** ou **gi** e um círculo com lápis azul nas palavras com **je** ou **ji**.

3 Vamos encontrar palavras escritas com **je** ou **ji**.

J	E	J	U	M	A	B	T	A	C
E	U	J	I	L	Ó	V	I	J	A
N	M	M	N	A	R	O	S	I	T
I	G	O	R	J	E	T	A	B	N
P	T	B	C	E	T	U	C	O	M
A	A	O	J	I	P	E	B	I	I
P	R	T	O	T	I	V	F	A	O
O	R	S	O	O	A	R	S	X	R

4 Separe as sílabas e circule as sílabas fortes.

ginástica _____   jiló _____

gente _____   jeito _____

Jesus _____   gelado _____

girassol _____   general _____

64 GRAMÁTICA E ORTOGRAFIA

GRAMÁTICA 9

Frase exclamativa e frase interrogativa

A menina estranhou aquela voz e, prestando mais atenção, estranhou também o jeito de sua avó, cujas orelhas haviam crescido muito.

— Que orelhas tão grandes são essas, vovó? – perguntou a menina espantada.

— São para te ouvir melhor, minha neta!

— E que olhos arregalados são esses, vovó?

— São para melhor te ver, minha neta!

Irmãos Grimm.
A menina da capinha vermelha.

Frase interrogativa

Observe a frase.

— Que orelhas tão grandes são essas, vovó?

Nessa frase, a menina fez uma pergunta à avó. É chamada **frase interrogativa**.
No fim de uma frase interrogativa, você deve usar **ponto de interrogação (?)**.

— Que orelhas tão grandes são essas, vovó ?

Frase exclamativa

Observe a frase.

— São para te ouvir melhor, minha neta!

Nessa frase, a avó comunicou um sentimento, fez uma exclamação. É chamada **frase exclamativa**.
No fim de uma frase exclamativa, você deve usar **ponto de exclamação (!)**.

— São para te ouvir melhor, minha neta !

ATIVIDADES

1) Transforme as frases afirmativas em interrogativas usando as palavras dos parênteses.

a) Ele ficou zangado quando você partiu. (Quando)

_____

b) Elas moram em São Paulo. (Onde)

_____

c) O vaso quebrou porque caiu. (Por que)

_____

2) Transforme as frases afirmativas em exclamativas.

a) Eu estou cansado.

_____

b) O quadro é bonito.

_____

3) Observe o desenho e, com base nele, escreva um diálogo com uma frase exclamativa e uma frase interrogativa.

_____
_____
_____
_____
_____

4 Vamos fazer de conta que você é o repórter? Escolha alguém para entrevistar, complete as perguntas e realize sua entrevista.

1. O que _____
_____
_____

2. Qual _____
_____
_____

3. Onde _____
_____
_____

4. Por que _____
_____
_____

5 O time do colégio colocou uma frase no portão da escola agradecendo a todo o pessoal, mas, ops, eles se esqueceram do ponto de exclamação. Ajude-os a pontuar corretamente.

Valeu, turma Vocês foram demais
O próximo jogo será um jogão
Não percam

ORTOGRAFIA 9

Palavras com x/ch

> **X**
>
> X de xícara, de xixi
> Xadrez, xavante e Xingu,
> Xarope, xerife, xodó
> Mas não tem X na palavra chuchu.
>
> Darci Maria Brignani. ... *de A a Z, de 1 a 10*...

Palavras com x

abaca**x**i	en**x**ugar
amei**x**a	en**x**urrada
bai**x**o	fai**x**a
be**x**iga	gra**x**a
cai**x**a	pu**x**ar
cai**x**ote	**x**adrez
co**x**a	**x**ale
ei**x**o	**x**ampu
engra**x**ate	**x**arope
en**x**ada	**x**erife
en**x**ame	**x**ícara

A chuva

A chuva caindo
a chuva na calha
a chuva no zinco
escorre e gargalha
A chuva caindo
a chuva na praça
a chuva na escola
a chuva se agasta
A chuva caindo
a chuva na roça
a chuva no chão
parada se empoça

Sérgio Capparelli. *Tigres no quintal*.

Palavras com ch

bicho	charuto	chuteira
bolacha	chave	chuva
cachimbo	chaveiro	chuveiro
cachoeira	chefe	fechadura
cachorro	chicote	ficha
chácara	chocalho	flecha
chafariz	chocolate	lancha
chaleira	choradeira	lanche
chaminé	chupeta	mancha
chapéu	churrasco	mochila

ATIVIDADES

1 Ligue as palavras da mesma família.

caixa • • enfaixado

lixo • • lixeiro

peixe • • engraxate

enxada • • peixaria

faixa • • caixote

graxa • • enxadão

2 Complete as frases com as palavras do quadro.

> xale – peixe – xícara
> xadrez – caixote – lixo

a) O _____ está no aquário.

b) Vovó usa um _____ bonito.

c) Paulo gosta de jogar _____.

d) Eu consegui carregar o _____.

e) Joguei o papel no _____.

f) Eu quero uma _____ de café.

3 Copie o texto "X", da página 69, em seu caderno, e faça um círculo nas palavras escritas com **x**.

4 Junte as partes e forme palavras.

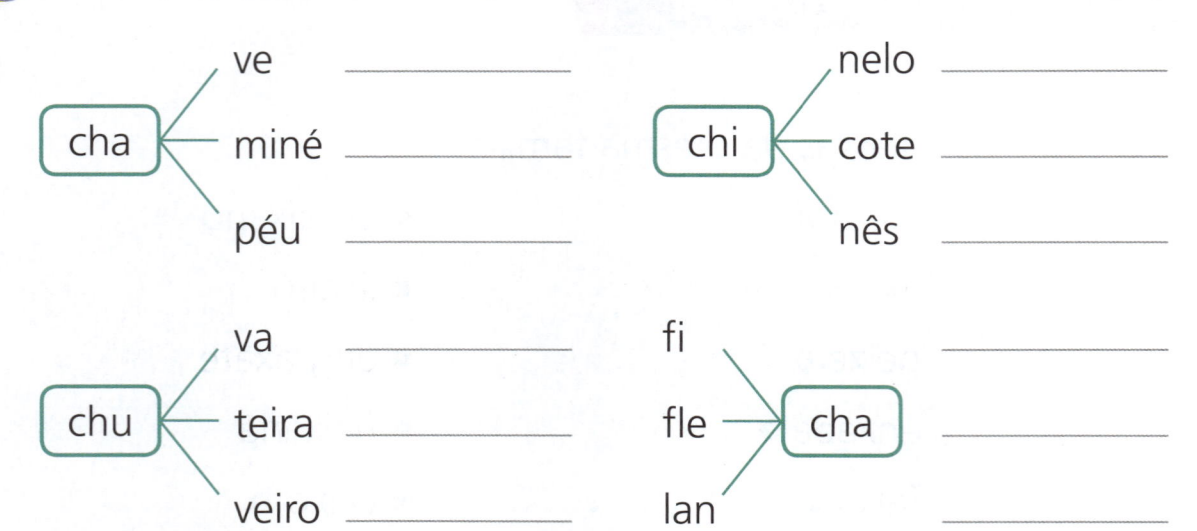

cha — ve _____ / miné _____ / péu _____

chi — nelo _____ / cote _____ / nês _____

chu — va _____ / teira _____ / veiro _____

fi / fle / lan → cha _____

5 Complete com **ch** ou **x**.

a) bola____a
b) pei____e
c) ____uva
d) ____aruto
e) cai____a
f) ____apéu
g) ____ícara
h) en____urrada
i) li____o
j) be____iga
k) ____icote
l) ____arope
m) salsi____a
n) ____aminé
o) ____ampu

6 Forme novas palavras seguindo o exemplo.

chuva   chuveiro   bicho   _____
chave   _____   churrasco _____
lanche   _____   chute   _____

7 Escolha duas palavras do quadro e forme uma frase para cada uma delas.

chupeta – chocolate – choradeira – xícara – xarope – lixo

_____
_____

GRAMÁTICA 10

Nome das coisas

Todas as coisas têm um nome.
Gente tem sobrenome
Todas as coisas têm nome:
casa, janela e jardim.
Coisas não têm sobrenome,
mas a gente sim.

Todas as flores têm nome:
rosa, camélia e jasmim.
Flores não têm sobrenome,
mas a gente sim.

O Chico é Buarque, o Caetano é Veloso
O Ary foi Barroso também.
Entre os que são Jorge
tem um Jorge Amado
e um outro que é o Jorge Ben.
Quem tem apelido
Dedé, Zacharias, Mussum e Fafá de Belém.

Tem sempre um nome
e depois do nome
tem sobrenome também.

Todos os brinquedos têm nome:
bola, boneca e patins.
Brinquedos não têm sobrenome,
mas a gente sim.

Coisas gostosas têm nome:
bolo, mingau e pudim,
Doces não têm sobrenome,
mas a gente sim.

Toquinho. *Canção para todas as crianças.*

ATIVIDADES

1 Dê o nome das seguintes figuras.

_____   _____

_____   _____

2 Complete a frase com nomes de objetos que estão à sua volta.

75

3) Complete o quadro abaixo.

Nome de animais	Nome de frutas	Nome de brinquedos

4) O que existe em um circo? Dê o nome de alguns elementos presentes do circo.

_____
_____

5) Escreva o nome de alimentos que você pode colocar dentro de uma geladeira.

_____
_____

6) Escreva o nome de objetos que começam com as letras seguintes.

A

_____
_____
_____

B

_____
_____
_____

GRAMÁTICA E ORTOGRAFIA

ORTOGRAFIA 10

Tipos de ponto

Leia o texto e circule, com lápis colorido, os sinais de pontuação que foram usados no final das frases.

Amigo diferente

Em *Kung Fu Panda*, os mestres Tigresa, Garça, Louva-a-Deus, Macaco e Víbora formam a equipe Os Cinco Furiosos. Eles se acham feras em Kung Fu e pensam que não há espaço para mais ninguém na turma. Muito menos para Po, um panda guloso e gorducho. Mas Po mostra quanto é legal e os Furiosos mudam de ideia. Talvez algo assim tenha acontecido com você. Sabe quando um aluno novo chega à sua classe? Dê uma chance para ele se enturmar. Você só tem a ganhar!

Revista *Recreio*, n. 445.

Você deve ter observado que, para marcar o final de frases, foram usados três tipos de ponto.

. ponto-final

? ponto de interrogação

! ponto de exclamação

O **ponto-final** é usado no fim de frases afirmativas ou negativas.

Em *Kung Fu Panda*, os mestres Tigresa, Garça, Louva-a-Deus, Macaco e Víbora formam a equipe Os Cinco Furiosos ⬚.

O **ponto de interrogação** é usado no fim de frases interrogativas.

Sabe quando um aluno novo chega à sua classe ⬚?

O **ponto de exclamação** é usado no fim de frases exclamativas.

Você só tem a ganhar ⬚!

ATIVIDADES

1 Cobrimos a pontuação do final das frases do texto a seguir. Há nele três frases interrogativas. Quais são elas?

Vaga-lume

Você já reparou naquele bichinho que vive piscando de noite ❋ Você sabe por que os vaga-lumes piscam ❋ A vaga-lume fêmea pisca para avisar ao macho que ele pode se aproximar dela para o acasalamento ❋ O pisca-pisca também serve para espantar os inimigos porque toda vez que a luz pisca se produz uma substância tóxica no corpo do vaga-lume ❋ Está vendo como os animais podem se comunicar pela linguagem do pisca-pisca ❋

Revista *Ciência Hoje das Crianças*, n. 22.

a) _____

b) _____

c) _____

2 Complete o texto com os sinais do quadro.

. ? !

Quando ficou de noite, a Margarida começou a tremer ___ Aí, passou a Borboleta Azul___
   A Borboleta parou de voar___
   — Por que você está tremendo___
   — Que frio___

3) As frases que você vai ler a seguir são de um trecho do livro *Carolina*, de Walcyr Carrasco. Só que elas estão desordenadas e sem pontuação.

Leia as frases com atenção, ordene-as e pontue-as, usando ponto-final e ponto de exclamação.

Uma dica: três frases têm ponto-final e as outras duas, ponto de exclamação.

> O arco-íris ficava incrível
> Um dia retocava o laranja, no outro aumentava o brilho do azul
> Carolina morava no alto de um arco-íris
> Deixava todo mundo de boca aberta quando passava por cima das cidades molhadas de chuva
> Era a própria Carolina quem pintava o arco-íris
>
> Walcyr Carrasco. *Carolina*.

GRAMÁTICA E ORTOGRAFIA

GRAMÁTICA 11 — Nome de lugares

Todos os lugares têm um nome.
Um nome que pode indicar **qualquer** lugar do mesmo tipo é chamado de **nome comum**.

cidade   cidade   cidade

Um nome pode indicar **um só** lugar de maneira específica. Então, dizemos que ele é um **nome próprio**.

São Paulo   Rio de Janeiro   Brasília

Os nomes próprios são escritos com letra inicial **maiúscula**.

ATIVIDADES

1 Escreva o seu endereço.

Moro na rua _____

_____ nº _____

bairro _____ cidade _____

estado _____ país _____

2 Copie do exercício anterior os nomes comuns e os nomes próprios.

Nomes comuns	Nomes próprios
_____	_____
_____	_____
_____	_____

3 Passa algum rio pela sua cidade ou município? Qual é o nome dele?

_____

_____

_____

GRAMÁTICA E ORTOGRAFIA

4. Escreva os nomes de algumas cidades que você conhece.

_____

_____

5. No emaranhado de letras abaixo, aparecem quatro nomes próprios e quatro nomes comuns. Identifique-os e escreva-os no quadro.

A	C	A	P	I	T	A	L
M	A	V	A	T	H	J	E
A	P	E	S	A	E	A	B
Z	E	N	S	L	S	P	R
O	S	I	G	H	T	K	A
N	T	F	M	A	A	Ã	S
A	V	E	N	I	D	A	I
S	R	Ç	A	N	O	C	L
Í	F	R	O	N	Ç	O	D
S	A	L	V	A	D	O	R

Nomes comuns	Nomes próprios
_____	_____
_____	_____
_____	_____

ORTOGRAFIA 11
Palavras com l/u (final)

O carrossel

Roda, roda
Carrossel...
Vim ao parque
Com chapéu
Roda, roda
Carrossel
Subi no cavalinho
E vi um guri...
Roda, roda
Carrossel...
A cor do cavalinho
Parecia cor de mel.

Nara Latorre. *O travesso Rafael*.

Palavras com au

bacalh**au**
cac**au**
m**au**
ming**au**
Nicol**au**
p**au**
pica-p**au**

Palavras com iu

ca**iu**
fug**iu**
lat**iu**
ouv**iu**
sa**iu**
sorr**iu**
v**iu**

Palavras com eu

at**eu**
Bartolom**eu**
br**eu**
c**éu**
chap**éu**
jud**eu**
m**eu**
pn**eu**
r**éu**
Tad**eu**
trof**éu**
v**éu**

Palavras com ou

am**ou**
carreg**ou**
d**ou**
est**ou**
levant**ou**
r**ou**b**ou**
xing**ou**

Palavras com al

animal	jornal
avental	litoral
canal	local
capital	mal
casal	natal
cristal	oral
dedal	pedal
final	quintal
igual	real

Palavras com el

aluguel
carrossel
cascavel
coronel
cruel
fiel
hotel
Isabel
mel
móvel
papel

Palavras com il

anil	fuzil
Brasil	gentil
canil	imbecil
civil	infantil
funil	juvenil

Palavras com ol

anzol
caracol
espanhol
farol
futebol
girassol
lençol
rouxinol

Palavras com ul

azul
Raul
sul

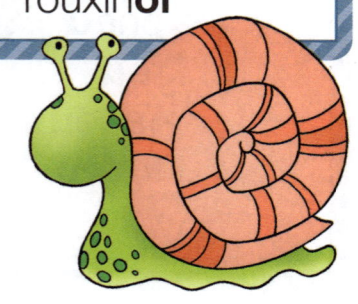

ATIVIDADES

1 Separe as sílabas e copie as palavras outra vez.

cascavel   cas-ca-vel   cascavel

futebol   _____   _____

quintal   _____   _____

animal   _____   _____

espanhol _____   _____

carrossel _____   _____

pastel   _____   _____

2 Copie as palavras em ordem alfabética.

a) lençol – Brasil – anzol – sinal – final – mel – canal – jornal

_____

b) nacional – farol – anil – ramal – funil

_____

3 Complete as palavras com **l** ou **u**. Depois, copie as frases.

a) A cascave____ é um anima____ venenoso.

_____

b) Isabe____ sujo____ o avental.

_____

c) O minga ____ estava delicioso.

_____

4 Quem vai chegar primeiro à casa da Vovozinha é Chapeuzinho Vermelho.

Para ela chegar lá, precisa seguir um caminho em que todas as palavras tenham **al**, **el**, **il**, **ol** ou **ul** no final.

Ajude a menina a chegar à casa da Vovozinha, escrevendo palavras que terminem com **al**, **el**, **il**, **ol** ou **ul**.

Para não deixar o Lobo Mau chegar à casa da Vovozinha, você tem de escrever nos espaços palavras misturadas, terminadas em **al**, **el**, **il**, **ol**, **ul**; **au**, **eu**, **iu** ou **ou**.

Salve a Vovozinha, escrevendo as palavras corretamente nos caminhos que cada um vai seguir.

GRAMÁTICA 12

Masculino e feminino

Os nomes podem ser masculinos ou femininos.

Masculinos **Femininos**

papai

mamãe

menino

menina

Antes de **nomes masculinos**, colocamos **o**, **os**, **um**, **uns**.

o menino, **os** meninos, **um** menino, **uns** meninos

Antes de **nomes femininos**, colocamos **a**, **as**, **uma**, **umas**.

a menina, **as** meninas, **uma** menina, **umas** meninas

O jeito mais comum para se formar o feminino é trocar `o` por `a`.

Masculino	Feminino
o	**a**
gato	gata
pato	pata
velho	velha
moço	moça

Existem outras maneiras de se formar o feminino.

1ª) Acrescentar um `a`.

Masculino	Feminino
	+a
professor	professor**a**
doutor	doutor**a**
japonês	japones**a**
freguês	freguesa

2ª) Nos substantivos terminados em ão, trocamos o ão por oa ou ã.

Masculino	Feminino
ão	**oa**
leão	leoa
patrão	patroa
leitão	leitoa

Masculino	Feminino
ão	**ã**
irmão	irmã
campeão	campeã
anão	anã

3ª) Alguns substantivos femininos são diferentes da forma masculina. Conheça alguns desses substantivos.

alfaiate – costureira	genro – nora
avô – avó	homem – mulher
bode – cabra	padrasto – madrasta
carneiro – ovelha	padre – madre
cão – cadela	pai – mãe
cavaleiro – amazona	príncipe – princesa
cavalheiro – dama	rei – rainha
compadre – comadre	réu – ré
frade – freira	zangão – abelha

ATIVIDADES

1 Escreva o nome feminino de cada animal.

bode

_____

galo

_____

boi

_____

2 Reescreva a frase, passando os nomes masculinos para o feminino.

a) Meu irmão encontrou o professor na casa do seu avô.

_____

_____

b) O padrasto de meu primo era diretor da empresa.

_____

_____

c) Em nosso sítio, há bois, galos, carneiros e porcos.

_____

_____

3 Encontre no diagrama seis substantivos femininos.

M	E	N	I	N	A	E	T	C
C	A	Y	U	N	D	E	R	O
R	A	I	N	H	A	H	E	M
M	U	T	E	U	R	N	O	A
R	O	A	A	T	R	I	Z	D
P	A	T	A	P	A	K	Ç	R
P	R	I	N	C	E	S	A	E

93

ORTOGRAFIA 12 — Palavras com lha/lia

O anão

O anão equilibra uma risada
Na palma de cada mão.
O seu trabalho é atrapalhar o palhaço.
O anão tropeça a cada passo,
E o circo estremece
feito bolha de sabão.

Roseana Murray. *O circo*.

Palavras com lha

abe**lha**	fa**lha**	meda**lha**	pa**lha**
agu**lha**	fi**lha**	mo**lha**	ro**lha**
bo**lha**	fo**lha**	o**lha**	te**lha**
ca**lha**	ma**lha**	ove**lha**	ve**lha**

Palavras com lia

Amá**lia**	Emí**lia**
Brasí**lia**	famí**lia**
Cecí**lia**	Itá**lia**
Cé**lia**	mobí**lia**
dá**lia**	sandá**lia**

ATIVIDADES

1 Complete as palavras dos retângulos com as sílabas **lia** ou **lha**.
Depois, pinte da mesma cor os retângulos que contêm palavras terminadas em **lia**. Use uma cor diferente para pintar os retângulos em que aparecem palavras escritas com **lha**.

fi_____	nava_____	bata_____
lenti_____	Adé_____	Sicí_____
camé_____	Lucí_____	armadi_____
quadri_____	ervi_____	

2 Complete as frases com as palavras do quadro.

sandália – Brasília – Itália – Zélia – dália – mobília

a) Minha irmã foi à festa de _____ vermelha.

b) A capital do Brasil é _____.

c) Em janeiro, meus amigos irão viajar para a _____.

d) A _____ da sala está completa.

e) _____ é minha melhor amiga.

f) A _____ é uma flor muito bonita.

3 Separe em colunas os nomes próprios e os nomes comuns.

família – Emília – dália – Brasília – Itália
sandália – Aurélia – mobília

Nomes comuns	Nomes próprios

4 Descubra a palavra que tem o significado escrito em cada item. Depois, observe o que há em comum entre todas essas palavras.

a) _____ Um terreno onde se cultivam hortaliças e legumes.

b) _____ O que sai da boca durante a respiração.

c) _____ Aparelho de aviação que se sustenta no ar por meio de hélices horizontais.

d) _____ Tempo equivalente a 60 minutos.

_____
_____
_____

96 GRAMÁTICA E ORTOGRAFIA

GRAMÁTICA 13 — Singular e plural

> O pé do pai é quarenta,
> o pé da mãe trinta e cinco,
> parecem pés de gigante
> para quem só calça vinte,
> [...]
>
> Elza Beatriz. *Pare no P da poesia*.

Os nomes podem estar no singular ou no plural.
O nome **singular** indica **um só elemento**.

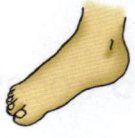

pé

O nome **plural** indica **mais de um elemento**.

pés

O jeito mais comum para se formar o plural é acrescentar s no final das palavras.

Singular — macaco — **Plural** — macaco**s**

bicicleta — bicicleta**s**

Existem outras maneiras de se formar o plural.

1ª) Aos nomes terminados em **r**, **s** e **z**, acrescenta-se **es**.

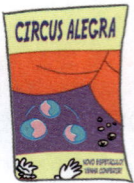

Singular	Plural
 colhe**r**	 colhe**res**
 japonê**s**	 japone**ses**
 carta**z**	carta**zes**

2ª) Os nomes terminados em **ão** trocam o **ão** por **ãos**, **ões** ou **ães**.

Singular	Plural
 m**ão**	m**ãos**
 pi**ão**	 pi**ões**
 p**ão**	 p**ães**

3ª) Os nomes terminados em **m** trocam o **m** por ns .

Singular

Plural

homem

homens

4ª) Os nomes terminados em **al**, **el**, **ol** e **ul** trocam o **l** por is .

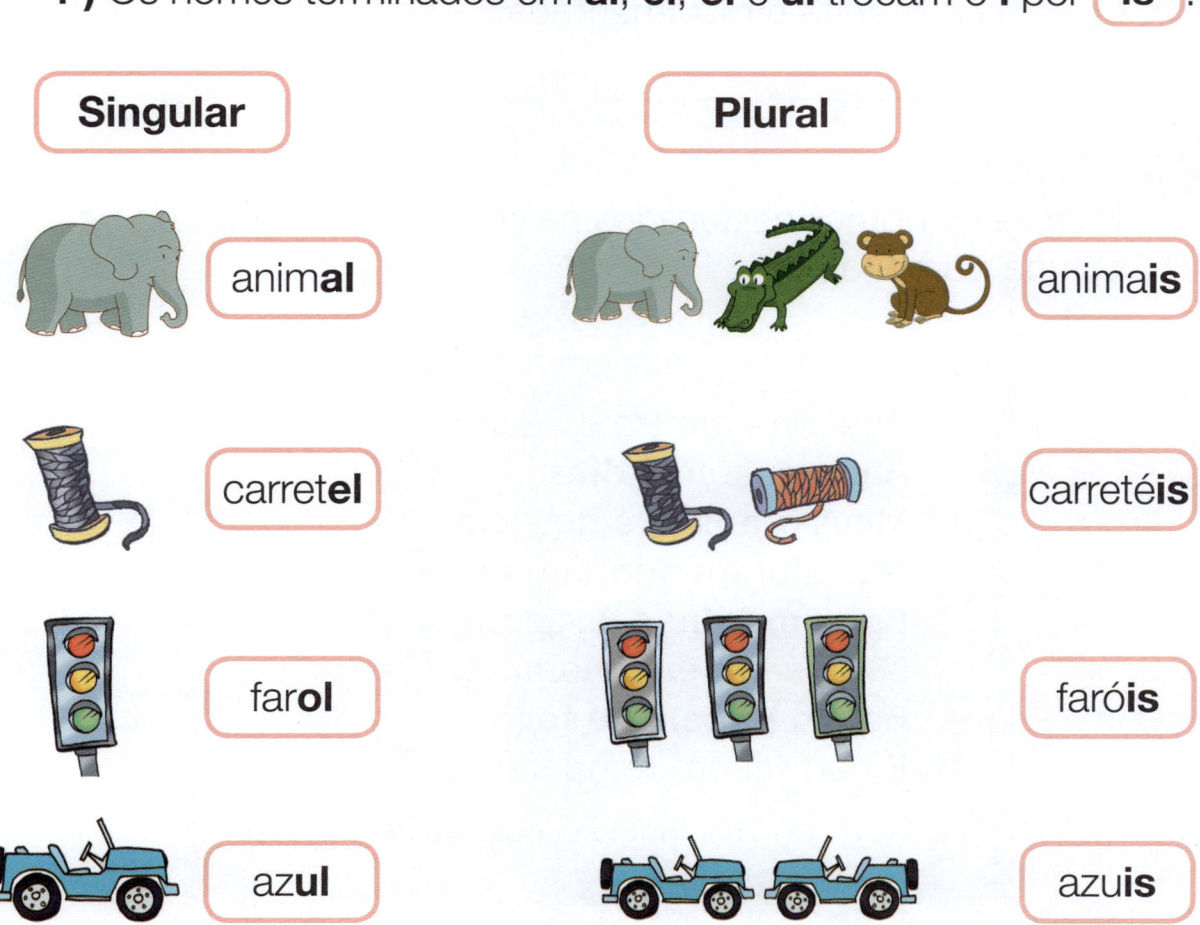

Singular

Plural

animal

animais

carretel

carretéis

farol

faróis

azul

azuis

ATIVIDADES

1) Escreva as frases no plural. Observe o exemplo.

> O ratinho é branco e guloso.
> Os ratinhos são brancos e gulosos.

a) A estrela é brilhante e grande.

_____

b) A noite é escura e longa.

_____

c) A rua é estreita e movimentada.

_____

2) Leia as trovas.
Escreva os nomes destacados na coluna do singular ou na coluna do plural.

> **Açucena** dentro d'água
> Atura quarenta **dias**.
> Meus **olhos** fora dos teus
> Não aturam nem um dia.
> Estas **meninas** de agora
> Só querem é namorar.
> Botam **panela** no **fogo**
> E não sabem temperar.
>
> Théo Brandão (folclore de Alagoas).

100 GRAMÁTICA E ORTOGRAFIA

Singular	Plural

3 Observe a formação do plural.

coraç**ão** – coraç**ões**

Agora, passe as frases abaixo para o plural.

a) O portão está fechado.
_____

b) Ela comprou camarão e mamão.
_____

c) Fiquei observando o avião.
_____

d) Ontem, eu comi melão.
_____

irm**ão** – irm**ãos**

e) Meu irmão viajou.
_____

ORTOGRAFIA 13 — Vírgula

Leia com atenção o texto seguinte. Observe sobretudo o uso da vírgula.

> **O que podemos encontrar na linha da maré alta?**
>
> Na praia, encontramos algas marinhas, conchas, pedaços de madeira flutuante, pulgas-do-mar, estrelas-do-mar e caranguejos mortos. Também é possível encontrar as bolas que envolvem os filhotes de tubarões e arraias, esqueletos de peixes e pássaros. Cuidado para não encostar em nenhuma água-viva, pois você pode se queimar.
>
> Carolina Caires. *Como? Onde? Por quê?* São Paulo: Girassol, 2007.

Você pode observar que a vírgula foi usada para separar palavras ou grupos de palavras na frase.

A vírgula é usada principalmente para:

1º) separar palavras numa enumeração.

> [...] encontramos algas marinhas, conchas, pedaços de madeira flutuante, pulgas-do-mar, estrelas-do-mar e caranguejos mortos.

2º) separar palavras ou grupos de palavras que indicam tempo ou lugar.

> Na praia, encontramos algas marinhas...

3º) separar frases.

> Cuidado para não encostar em nenhuma água-viva, pois você pode se queimar.

ATIVIDADES

1) Reescreva as frases, usando corretamente a vírgula.

   a) Participaram da festa o galo a coruja o sabiá e o bem-te-vi.

   _____

   _____

   b) O leite os ovos as verduras e os legumes são alimentos.

   _____

   _____

   c) Mamãe comprou tomates ovos laranjas e doces.

   _____

   _____

2) Use a vírgula para separar um grupo de palavras que indica tempo ou lugar.

   a) No mesmo instante a onça saiu correndo e fugiu.

   _____

   _____

   b) Naquela manhã a Centopeinha acordou mais cedo.

   _____

   _____

3 Copie as frases colocando a vírgula para separar as ações da personagem.

a) Dona Centopeia abriu a bolsinha pagou os sapatos e se despediu da Joaninha.

_____

_____

_____

b) A menina levantou lavou o rosto escovou os dentes e foi tomar café.

_____

_____

_____

4 Coloque a vírgula onde for necessário.

a) Na escola as crianças estudam brincam cantam e pintam.

b) Saltar nadar correr e jogar são atividades saudáveis.

c) Falar ouvir ler escrever criar e pesquisar são atividades importantes.

d) Fábio gosta de correr pular e conversar.

GRAMÁTICA 14

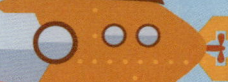

Nome simples e nome composto

> Enquanto peixe-martelo
> bate: toque, toque, toque,
> peixe-serra vai serrando:
> roque, roque, roque, roque.
>
> Milton Camargo.
> *A zebra, a girafa e outros bichos.*

O nome pode ser formado de **uma só palavra**. É um **nome simples**.

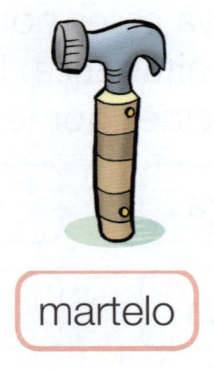

peixe   martelo   serra

O nome pode ser formado de **mais de uma palavra**. É um **nome composto**.

peixe-martelo   peixe-serra

ATIVIDADES

1 Os nomes das figuras abaixo são compostos. Escreva-os.

_____   _____   _____

2 Observe as palavras dos quadros. Pinte da mesma cor os quadros em que as palavras podem ser unidas, formando nomes compostos. Escreva esses nomes nas linhas, colocando-os em ordem alfabética. Use o hífen (-) para ligar as palavras que formam esses nomes.

bem	cabeça	super	fino
vitória	guarda	tira	quebra
grã	quebra	cajá	régia
quebra	estar	bate	boca
louça	teima	homem	manga

_____

_____

_____

106 GRAMÁTICA E ORTOGRAFIA

3 Que nomes compostos você pode formar com as palavras abaixo?

guarda _____

cachorro _____

lata _____

4 Descubra o nome do bichinho. Atenção: é um nome composto.

_____ é um
bichinho
que até parece um farol,
iluminando o caminho
do amigo caracol.

5 Separe os nomes abaixo em simples e compostos.

guarda-chuva   mês   quebra-cabeça
guarda-sol   armário   couve-flor   lápis
guarda-roupa   sorvete   matilha

Nomes simples	Nomes compostos

ORTOGRAFIA 14

Dois-pontos e travessão

> O galo deu uma bota para o gato.
> O gato falou:
> — A bota é uma boa casa!
> Veio a gata e falou:
> — Uma casa para os nossos filhotes!
>
> Mary França e Eliardo França. *A bota do bode*.

Dois-pontos

No texto, foram usados os dois-pontos para anunciar a fala da personagem.

O gato falou :

— A bota é uma boa casa!

Travessão

O travessão é um sinal colocado antes da fala da personagem.

O gato falou:

— A bota é uma boa casa!

108 GRAMÁTICA E ORTOGRAFIA

ATIVIDADES

1. Reescreva o texto, substituindo o ● por dois-pontos ou por travessão.

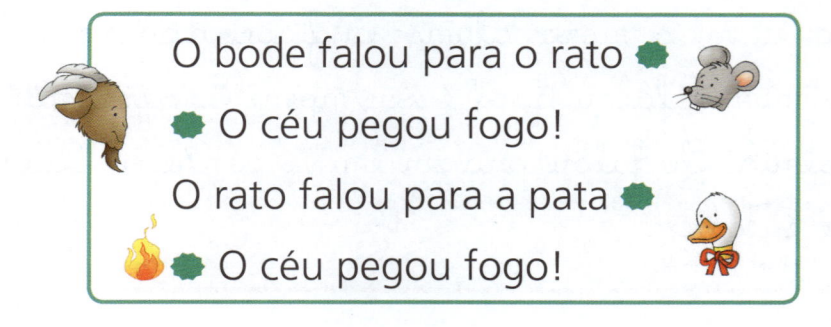

> O bode falou para o rato ●
> ● O céu pegou fogo!
> O rato falou para a pata ●
> ● O céu pegou fogo!

_____

_____

_____

_____

2. Reescreva em seu caderno o texto usando corretamente dois-pontos e travessão.

> A porta não tinha trinco nem fechadura, mas estava fechada e não abria.
> A porta perguntou
> O que é, o que é: tem dente, mas não morde?
> Maneco Caneco respondeu
> Alho!
> E a porta abriu.

3 Quênia escreveu um texto contando como conheceu seu primeiro namorado. Mas o texto tem alguns problemas. Ajude Quênia a corrigir esses problemas.

> **O primeiro amor**
>
> Meu primeiro amor foi na escola.
> Quando eu vi o novo aluno eu fiquei apaixonada. Ele virou pra mim e falou qual é seu nome Eu respondi meu nome é Quênia. Ele falou prazer em te conhecer Quênia. Meu nome é Fábio.

GRAMÁTICA E ORTOGRAFIA

GRAMÁTICA 15

Nome primitivo e nome derivado

> Plantei um abacateiro
> para comer abacate.
> Mas não sei o que plantar
> para comer chocolate.
>
> Edward Lear.

O nome **abacateiro** vem de outra palavra. É um **nome derivado**.

O nome **abacate** não vem de nenhuma palavra. É um **nome primitivo**.

Nome primitivo	Nome derivado
abacate	abacateiro
pão	padeiro
livro	livraria

111

ATIVIDADES

1 Adivinhe quem sou. Atenção: sou um nome primitivo.

Sou o fruto da laranjeira. Sou a _____.

Sou o fruto do pessegueiro. Sou o _____.

Sou o fruto da bananeira. Sou a _____.

Sou o fruto do coqueiro. Sou o _____.

Sou o fruto da jabuticabeira. Sou a _____.

Sou o fruto da figueira. Sou o _____.

2 Leia o texto.

Meu limão, meu limoeiro,
meu pé de jacarandá.
Uma vez, tindolelê,
outra vez, tindolalá...

Domínio público.

Retire do texto:

a) um nome derivado: _____

b) um nome primitivo: _____

GRAMÁTICA E ORTOGRAFIA

3 Adivinhe minha profissão. Atenção: sou um nome derivado.

Trato dos dentes. Sou o _____.

Conserto sapatos. Sou o _____.

Toco piano. Sou o _____.

Vendo flores. Sou o _____.

Trabalho com ferro. Sou o _____.

Trabalho em um banco. Sou o _____.

4 Complete as frases com nomes primitivos.

O sapateiro conserta os _____.

O fazendeiro trabalha na _____.

O lixeiro transporta o _____.

O padeiro faz o _____.

O livreiro vende o _____.

5 Forme nomes derivados juntando a terminação **-eiro**.

sapato   _____

ferro   eiro _____

carta   _____

ORTOGRAFIA 15 — Til e cedilha

Til

coração   botão   corações

Essas palavras têm um sinal colocado sobre as vogais **a** e **o**. Esse sinal chama-se **til** (~).

O til é colocado sobre as vogais **a** e **o** quando são pronunciadas com som nasal. Som **nasal** é aquele som que sai pela boca e pelo nariz ao mesmo tempo.

Cedilha

A **cedilha** (¸) é um sinal usado nas sílabas **ça**, **ço** e **çu** para que o **c** fique com o som de **s**.

criança   açúcar   pescoço

Nunca se usa a cedilha no começo de palavra nem com **ce** ou **ci**.

Palavras com ça/ço/çu, ce/ci

O saci

Apareceu o saci e falou:
— Seu moço, me dá um doce de coco.
O moço coçou a cabeça e falou:
— Apareça amanhã no fundo do poço.
O saci sumiu e apareceu de novo:
— Moça bonita, me dá um doce de coco.
A moça sorriu. Pegou uma bacia de doce e falou:
— Toma, saci. E desapareça.
O saci sorriu, agradeceu e sumiu.

Hermínio Sargentim.
Texto escrito especialmente para esta obra.

Palavras com ça

apareça	coração
balança	criança
cabeça	dança
caçador	força
calção	fumaça
canção	lição
carroça	maçã

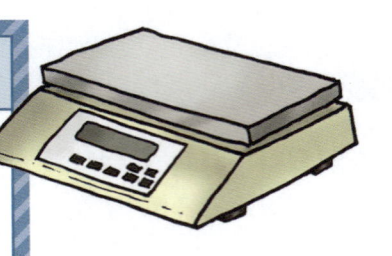

Palavras com ço

abraço	lençol
aço	maço
almoço	moço
braço	palhaço
caçou	pedaço
golaço	pescoço
laço	poço

Palavras com çu

açúcar
açucareiro
açude
caçula

Palavras com ci

ácido	cimento
Cida	cinema
cidadão	cinto
cidade	cipó
cigana	circo
cigarra	cismado

Palavras com ce

amanhece	centro
cebola	cerca
cedilha	cérebro
cedo	cereja
cego	cesta
cena	cesto
cenoura	conhece

116 GRAMÁTICA E ORTOGRAFIA

ATIVIDADES

1 Coloque o til quando necessário.

a) Nós precisamos da participaçao dos cidadaos.

b) Mamae viajou de aviao para o Japao.

c) Meu irmao estourou os baloes e queimou-se no fogao.

d) Todos dançarao no salao decorado com baloes azuis.

e) A festa será no casarao branco.

2 Complete a cruzadinha com as palavras que estão faltando.

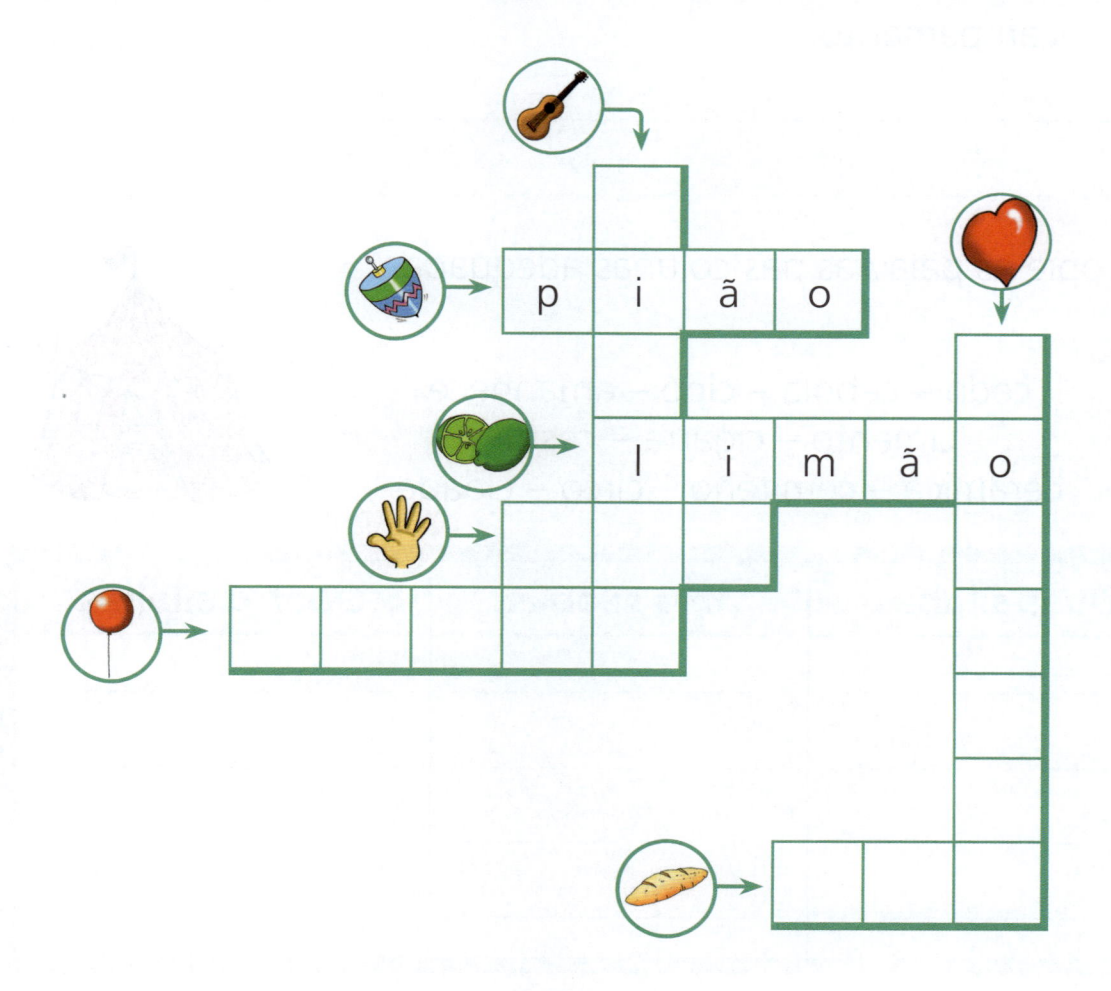

p i ã o

l i m ã o

3 Copie do texto "O saci" (p. 115) as palavras escritas com **ça**, **ço**, **ce**, **ci**.

_____
_____

4 Complete as palavras com **ça**, **çã**, **ço**, **çu**. Depois, copie as frases.

a) O palha_____ comeu ma_____ e também melancia.

_____
_____

b) O ca_____dor ca_____u a on_____ que estava perto do acampamento.

_____
_____

5 Copie as palavras nas colunas adequadas.

cedo – cebola – cipó – amanhece
cimento – cigarra – cesto
cerâmica – cemitério – circo – cidade

Duas sílabas	Três sílabas	Quatro sílabas

GRAMÁTICA E ORTOGRAFIA

GRAMÁTICA 16 — Nome coletivo

> Nesta rua, nesta rua tem um bosque
> que se chama, que se chama solidão.
> Dentro dele, dentro dele mora um anjo
> que roubou, que roubou meu coração.
>
> Domínio público.

A palavra **bosque** indica grande quantidade de árvores. É um **nome coletivo**.

Vamos conhecer alguns coletivos.

Grande quantidade de		Coletivo
pássaros		bando
soldados		batalhão
livros		biblioteca
estrelas		constelação
peixes		cardume
alunos		classe

Grande quantidade de		Coletivo
discos		discoteca
abelhas		enxame
navios		esquadra
aviões		esquadrilha
bananas		penca
flores		ramalhete
ovelhas		rebanho
indígenas		tribo

ATIVIDADES

1 Vamos ver quem adivinha?

Uma grande quantidade de flores forma um _____.

Uma grande quantidade de peixes forma um _____.

Uma grande quantidade de estrelas é uma _____.

2 Complete as frases com um nome coletivo.

a) Nosso _____ possui 26 letras.

b) Você encontrou o livro na _____ da escola.

c) A _____ perdeu um de seus aviões.

d) Numa _____ quem manda é o cacique.

3 Faça de acordo com o exemplo.

> Uma plantação de laranjas é um laranjal.

a) Uma plantação de café é um _____.

b) Uma plantação de cana é um _____.

c) Uma plantação de milho é um _____.

GRAMÁTICA E ORTOGRAFIA

4. Numere a segunda coluna de acordo com a primeira.

(1) conjunto de letras ( ) cardume
(2) plantação de café ( ) bando
(3) conjunto de peixes ( ) laranjal
(4) muitas estrelas ( ) alfabeto
(5) conjunto de livros ( ) classe
(6) muitos soldados ( ) batalhão
(7) plantação de laranjas ( ) constelação
(8) muitos discos ( ) cafezal
(9) conjunto de alunos ( ) discoteca
(10) grupo de pássaros ( ) biblioteca

5. Complete com um nome coletivo.

a) Uma grande quantidade de livros forma uma
_____.

b) Uma grande quantidade de soldados forma um
_____.

c) Uma grande quantidade de abelhas forma um
_____.

6. Dê o nome coletivo.

alunos _____   pássaros _____
indígenas _____   peixes _____
flores _____   bananas _____

ORTOGRAFIA 16

Palavras com se/si, ce/ci

Silêncio

A mata parecia sossegada.
Sentado num galho, o macaco coçava a cabeça.
A cigarra ciciava.
O coelho comia cenoura.

De repente, o macaco pulou no cipó.
A cigarra calou-se e voou.
O coelho correu assustado.

E o macaco ficou sozinho.

Hermínio Sargentim.
Texto escrito especialmente para esta obra.

GRAMÁTICA E ORTOGRAFIA

Palavras com se

sebo	**se**gundo	**se**não	**se**rá
seca	**se**guro	**se**nhor	**se**renata
secador	**se**ja	**se**nsação	**se**rmão
seco	**se**leção	**se**nsível	**se**rvente
secretária	**se**lo	**se**ntar	**se**rviço
século	**se**lva	**se**ntido	**se**ta
seda	**se**lvagem	**se**ntimento	**se**te
sede	**se**m	**se**ntinela	**se**tecentos
segredo	**se**máforo	**se**paração	**se**tembro

Palavras com si

sigla	**si**mpático	**si**no
significado	**si**mples	**si**rene
sílaba	**si**nal	**si**ri
silêncio	**si**naleiro	**si**stema
sim	**si**ncero	**sí**tio
símbolo	**si**ngular	**si**tuação

Palavras com ce

cebola	**ce**noura
cedilha	**ce**ntavo
cedo	**ce**ntral
cego	**ce**ntro
cegonha	**ce**ra
cela	**ce**râmica
cemitério	**ce**rca
cena	**ce**real
cenário	**cé**rebro

Palavras com ci

cicatriz	**ci**nco
cidadão	**ci**nema
cidade	**ci**nquenta
ciência	**ci**nto
cigana	**ci**randa
cigarra	**ci**pó
cigano	**ci**rco
cimento	**cí**rculo

ATIVIDADES

1 Complete as palavras com **se**, **si**, **ce**, **ci**.

____culo   ____mpre   ____laba

____noura   ____râmica   ____mento

____no   ____rene   ____guro

____dade   ____ntavo   ____lebração

____rvente   ____nal   ____lêncio

____do   ____bola   ____garra

Copie as palavras que você completou no exercício anterior em ordem alfabética.

_____

_____

_____

_____

2 Ligue as palavras da mesma família.

secar • • separação

sentir • • selvagem

separar • • sentimento

sinal • • secador

senado • • senador

selva • • sinaleiro

127

3 Descubra as palavras que completam as frases abaixo. Uma dica: todas elas têm a sílaba **ce** ou **ci**.

a) Pela janela de seu quarto, Cecília sempre vê o dia ¹ _____.

b) Hoje vou ao ² _____ com meu amigo ver a estreia de um filme.

c) A ³ _____ onde mamãe nasceu é no interior.

d) Vou até o mercado comprar ⁴ _____ e ⁵ _____.

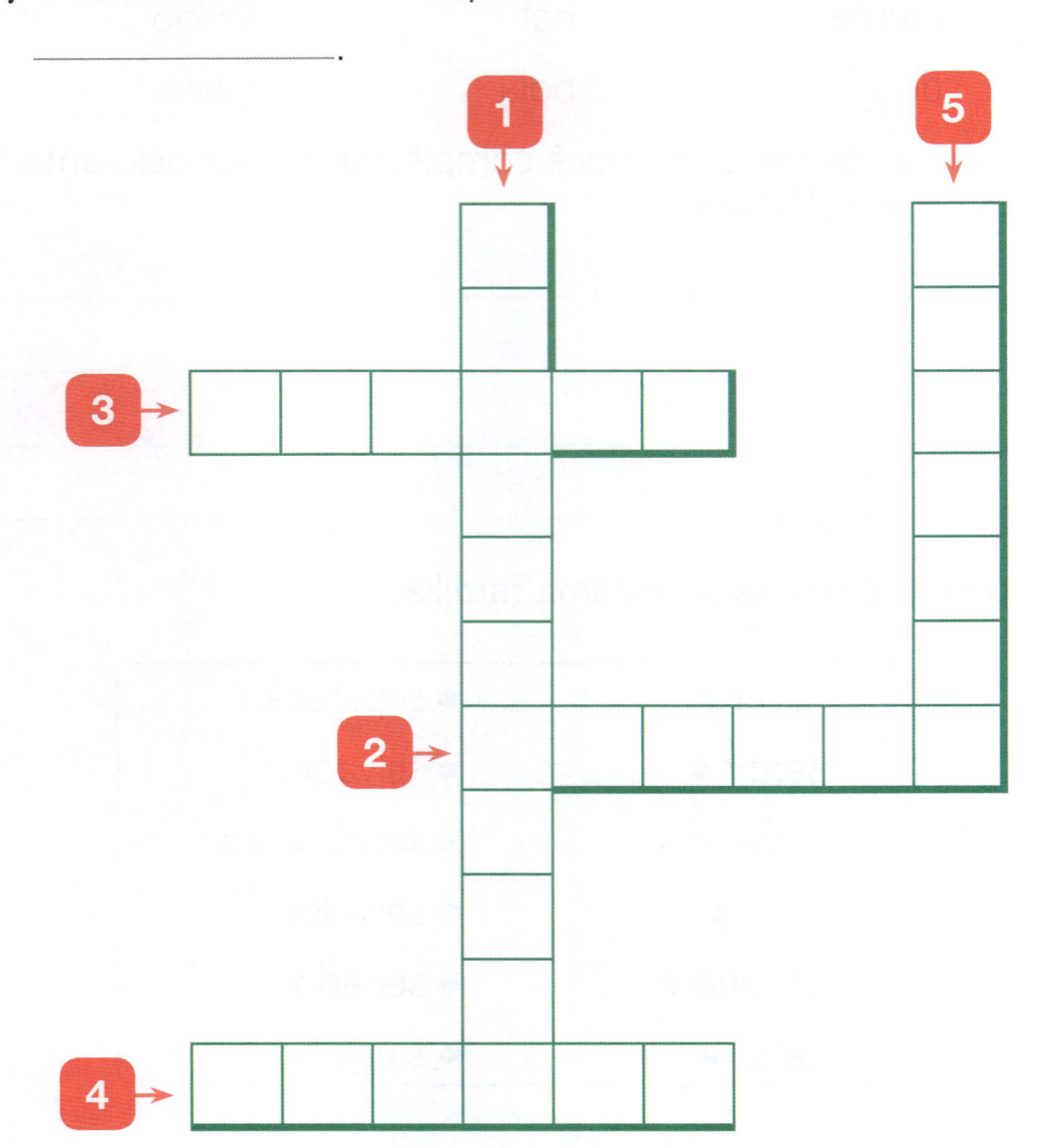

128 GRAMÁTICA E ORTOGRAFIA

GRAMÁTICA 17

Tamanho das coisas

Três gatos estavam brincando no pátio. Um era o Gato Amarelo. O outro, o Gatão Preto. E o menor de todos era o Gatinho Cinzento.

Havia uma grande poça d'água no pátio. O Gatinho Cinzento correu para lá e olhou para dentro da poça.

Na água ele viu um gato olhando para ele! O Gatinho Cinzento fez uma careta. O gato da poça d'água fez uma careta também!

O Gatinho Cinzento saiu correndo.

— Corram! Corram — gritou para os outros gatos. — Um gatão cinzento vem atrás de nós.

Ofélia Fontes. *O gato medroso*.

As coisas, as pessoas, os animais podem ser de tamanhos diferentes.

Tamanho normal   Tamanho pequeno   Tamanho grande

gato   gatinho   gatão

ATIVIDADES

1 Escreva os nomes que indiquem tamanho pequeno.

Coluna 1	Coluna 2
planta _____	flor _____
muda _____	pastel _____
folha _____	irmã _____
casa _____	irmão _____
carro _____	leão _____

Para indicar tamanho pequeno, você usou terminações diferentes.

a) Qual a terminação que você usou na coluna 1?

_____

_____

b) Qual a terminação que você usou na coluna 2?

_____

_____

c) Use uma dessas terminações para indicar o tamanho pequeno.

blusa _____ luz _____

homem _____ anel _____

GRAMÁTICA E ORTOGRAFIA

2 Continue completando as frases.

a) Um peixe pequeno é um peixinho.

   Um peixe grande é um _____

b) Um carro pequeno é um _____

   Um carro grande é um _____

c) Uma cadeira pequena é uma _____

   Uma cadeira grande é um _____

d) Uma caneca pequena é uma _____

   Uma caneca grande é um _____

3 Passe lápis de cor azul nos nomes que indicam coisas em tamanho maior.

Passe lápis de cor vermelha nos nomes que indicam coisas em tamanho menor.

L	U	G	A	R	E	J	O	X	M	A	L	E	T	A	B	X	D
M	A	L	O	N	A	X	M	A	P	E	X	V	S	Z	M	R	T
B	A	R	C	A	Ç	A	P	S	L	U	R	B	I	X	B	H	A
S	A	L	E	T	A	X	P	C	N	T	F	O	G	A	R	É	U
R	A	P	A	Z	O	L	A	D	V	M	I	B	A	L	A	Ç	O
C	A	S	A	R	Ã	O	B	U	R	F	D	E	D	I	N	H	O

_____

_____

131

ORTOGRAFIA 17 — Palavras com qua/gua

Palavras com qua

a**qua**rela	**qua**drúpede	**qua**rteirão
a**quá**rio	**qua**lidade	**qua**rtel
a**quá**tico	**qua**lquer	**qua**rto
en**qua**nto	**qua**ndo	**qua**se
quadrado	**qua**ntidade	**qua**trocentos
quadril	**qua**nto	ta**qua**ra
quadrinhos	**qua**renta	
quadro	**qua**rta	

Palavras com gua

á**gua**	**gua**rani	lín**gua**
a**gua**ceiro	**gua**rda	lin**gua**gem
a**gua**da	**gua**rdado	Para**gua**i
a**gua**dor	**gua**rdanapo	ré**gua**
a**gua**rdar	**gua**rita	sa**guã**o
a**gua**rdente	i**gua**ldade	
é**gua**	ja**gua**tirica	
guaraná	lé**gua**	

ATIVIDADES

1 Escreva as palavras na coluna do **gua** ou do **qua**.

água – quadro – régua – guarani – taquara
guardanapo – quadrado – guaraná – quase – quadril

Palavras com gua	Palavras com qua

2 Complete com **qua** ou **gua**.

a_____rela   _____rtel   _____dril

_____renta   lin_____do   Para_____i

_____drinhos   a_____tico   _____rani

lin_____gem   a_____rdente   _____rita

3 Jogo da velha das palavras com **qua**, **gua**.

Sente-se junto a um colega para brincar.

Tirem par ou ímpar para escolher quem começa.

Quem começa deve escrever, em um dos espaços do jogo da velha, uma palavra escrita com **qua** ou **gua**. Depois, é a vez do outro escrever.

O objetivo do jogo é formar uma linha horizontal, vertical ou diagonal com três palavras escritas com **qua** ou **gua**. Ganha o jogo quem formar a linha primeiro.

Tracem o diagrama do jogo da velha no caderno ou em uma folha à parte.

Façam pelo menos três jogos e não esqueçam: todas as palavras que vocês escreverem deverão ter **qua** ou **gua**.

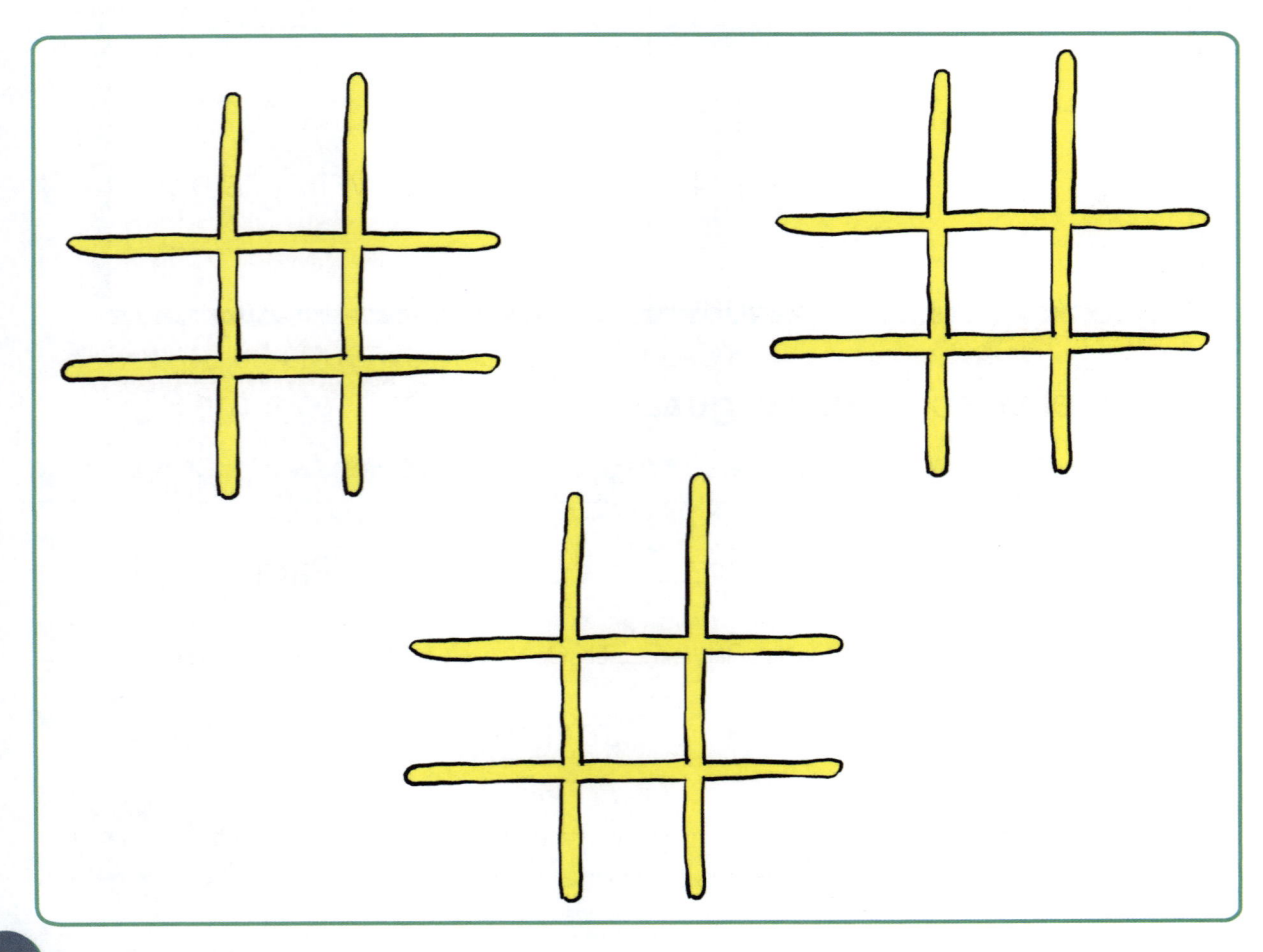

GRAMÁTICA 18

Características dos nomes (parte 1)

Tucano

Voa tucano
verde
No céu azul.
Amarelo
no céu anil.

(Voa tucano
cutucando cores)

Azul,
na mata
Bonita
do Brasil.

Mônica Versiani Machado.
De três em três, de reis em reis.

Os elementos, as pessoas, os animais e os lugares não são iguais.

tucano **verde**

céu **azul**

mata **bonita**

As palavras **verde**, **azul** e **bonita** comunicam como são o tucano, o céu e a mata, isto é, comunicam as características dos elementos.

Nome	Característica (Como é?)
tucano	verde
céu	azul
mata	bonita

Todas as pessoas, todos os animais, todos os elementos e todos os lugares têm características.

Nome	Características
bicicleta	pequena bonita colorida

Nome	Características
menino	jovem esperto feliz

Nome	Características
carro	veloz vermelho novo

Nome	Características
rua	estreita tranquila agradável

ATIVIDADES

1. Dê características para cada animal apresentado na ilustração.

Conheci um cachorro bem _____.
Ele tinha pelos _____ e _____,
olhos _____ e seu latido era
_____.

Era um porquinho como todos os porcos. Orelhas
_____, rabo, patas _____.
Um detalhe me chamava a atenção: era um
porquinho _____.

Quando fui ao zoológico, fiquei um tempo olhando
para aquele macaco. Pelos _____, olhos
_____, andar _____. Não
parava quieto. Toda vez que pulava de um lado para
outro, soltava um grito _____.

Mônica pegou o coelhinho na mão e ficou
admirando seus pelos _____, seus
olhos _____. O animal parecia
_____ nas mãos _____ da
menina.

2 Complete as frases, dando uma característica para os nomes destacados.

a) Lúcia ganhou uma **boneca** _____.

b) Nós estudamos em uma **sala** _____.

c) Qué-Qué é um **patinho** _____.

d) Xodó é um **gatinho** _____.

3 Escreva o nome de dois objetos que estejam perto de você.

Dê duas características para cada um.

_____ _____ e _____

_____ _____ e _____

4 Complete o texto com as características colocadas no quadro abaixo.

vermelha – azuis – pretos

Eu sou uma boneca de pano. Cabelos _____, boca _____, nariz que é um torrãozinho, olhos _____ como céu sem nuvem. Eu sou de Luísa e gosto dela como se gosta do melhor amigo.

5 Para cada nome, dê uma característica que indique a cor.

flor _____   camisa _____

calça _____   bolsa _____

saia _____   vestido _____

céu _____   nuvem _____

139

ORTOGRAFIA 18

Palavras com s/ss

Palavras com s

an**s**iedade	con**s**oante	en**s**aiar	per**s**eguir
an**s**io**s**o	con**s**olo	gan**s**o	preten**s**ão
can**s**ado	con**s**órcio	imen**s**o	re**s**pon**s**ável
can**s**ar	conver**s**ar	in**s**eto	**s**en**s**acional
cen**s**ura	cur**s**o	in**s**i**s**tir	**s**en**s**ível
con**s**elho	de**s**can**s**ar	in**s**olação	ten**s**o
con**s**erto	de**s**can**s**o	in**s**uportável	
con**s**ervar	diver**s**ão	ofen**s**a	
con**s**iderar	en**s**aio	pen**s**amento	

Palavras com ss

a**ss**adeira	depre**ss**a	no**ss**a	profe**ss**ora
a**ss**ado	deze**ss**eis	pa**ss**ageiro	profi**ss**ão
a**ss**altante	deze**ss**ete	pa**ss**agem	querme**ss**e
a**ss**alto	discu**ss**ão	pa**ss**ar	ru**ss**o
a**ss**a**ss**ino	e**ss**a	pa**ss**arinho	se**ss**enta
a**ss**im	e**ss**e	pá**ss**aro	so**ss**ego
a**ss**inatura	e**ss**encial	pa**ss**atempo	trave**ss**a
a**ss**obio	gro**ss**eiro	pa**ss**eio	trave**ss**ão
a**ss**ombração	gro**ss**o	pê**ss**ego	trave**ss**eiro
a**ss**ustado	ma**ss**a	pe**ss**oa	trave**ss**o
carro**ss**el	ma**ss**agem	po**ss**e	va**ss**oura
cla**ss**e	mi**ss**a	pre**ss**a	

ATIVIDADES

1 Complete com **s** ou **ss**.

in_____atisfação   in_____istência   a_____inatura

pa_____ageiro   con_____oante   sen_____ação

2 Complete o texto com as palavras do quadro abaixo.

> pessoas – pêssego – assaltante – professora
> assustadas – assalto – vassoura – passagem

O _____ entrou no banco com uma arma na mão. As _____ que estavam lá dentro ficaram muito _____ quando o homem gritou: "Isto é um _____ !"

Todos correram para o canto da sala. A faxineira soltou a _____, a _____ deixou cair o _____ que estava comendo, e o gerente deu _____ para a senhora que carregava uma criança no colo.

Foi uma confusão, mas logo a polícia chegou e a calma voltou ao local.

3 Complete as palavras do texto com **s**, **ss**, **c** ou **ç**.

Lá vêm os monstros

Os monstros que não a____ustam nada, e até chegam a ____er bem bonitinhos, estão de volta à anima____ão. Estreou ontem nos ____inemas o de____enho *Monstros VS alienígenas*, da Dream Works – mesmo estúdio que fez *Madagascar* e *Kung Fu Panda*.

A história é bem divertida e foge do comum. A bela ____usan Murphy é atingida por um meteoro justamente no dia de ____eu ca____amento! Por alguma radia____ão estranha, ela cresce ____em parar, até chegar aos 15 metros de altura – ____eus cabelos até ficam brancos, iguais aos da Tempestade, de X-Men.

Nada discreta, digamos, ____usan chama a atenção dos militares. É capturada, levada para uma instituição ____ecreta do governo dos EUA e vira uma cobaia ____ientífica. Até recebe o nome de Ginórmica e é mantida pre____a ao lado de... monstros!

Gustavo Miller. *Estadinho*, n. 1110.

Agora copie as palavras que você completou.

_____
_____
_____
_____

GRAMÁTICA E ORTOGRAFIA

GRAMÁTICA 19

Características dos nomes (parte 2)

Branca de Neve

Era uma vez uma linda rainha que vivia muito triste. Ela queria ter uma filha. Um dia seu desejo se realizou. Nasceu uma menina muito bonita de pele branca, branca. Branca como a neve. Por isso foi chamada de Branca de Neve.

Infelizmente a rainha, que não tinha boa saúde, morreu. E o rei não quis deixar Branca de Neve sem mãe. Por isso, tempos depois o rei se casou outra vez. A nova rainha, que era muito bonita e vaidosa, tinha um espelho mágico a quem ela sempre perguntava:

— Espelho meu, espelho meu, quem é a mulher mais bonita deste reino?

E o espelho sempre respondia:

— É você, minha rainha, a mulher mais bonita deste reino!

Irmãos Grimm. *Branca de Neve*.

Observe as palavras destacadas.
Todos os dias, ela perguntava a seu espelho, que era **mágico**:
— Espelho meu, espelho meu, quem é a mulher mais **bonita** deste reino?

As palavras **mágico** e **bonita** comunicam como são os nomes, isto é, comunicam as **características** dos nomes.

Nome	Característica (Como é?)
espelho	mágico
mulher	bonita

143

ATIVIDADES

1 Pinte as palavras que indicam as características dos nomes destacados.

> Era uma vez uma linda **rainha** que vivia muito triste. Ela queria ter uma filha. Um dia seu desejo se realizou. Nasceu uma **menina** muito bonita de **pele** branca, branca. Branca como a **neve**. Por isso foi chamada de Branca de Neve.

2 Complete o texto com características.

> Era uma vez uma menina muito _____
>
> e _____, que vivia com sua mãe numa
>
> _____ casa, perto do bosque.
>
> Ela ganhou de presente de sua avó um _____
>
> chapéu _____, que ela nunca tirava. Por isso, as pessoas sempre a chamavam de Chapeuzinho Vermelho.

3 Escreva três características para cada figura.

menina	casa	maçã
_____	_____	_____
_____	_____	_____
_____	_____	_____

GRAMÁTICA E ORTOGRAFIA

4 Aumente as frases, acrescentando características aos nomes.

a) Ele mora em uma rua, perto de um rio.

_____

_____

b) Samanta era uma menina. Usava meias, vestido e chapéu.

_____

_____

c) Nesta noite tive um sonho. Estava num lugar e conheci pessoas.

_____

_____

5 Leia o texto com atenção.

> Ó espelho, dizei-me ainda,
> Das mulheres qual mais linda?
> Mas a resposta não foi a esperada e, sim, esta:
> Já fostes a mais bela, rainha donairosa,
> Mas hoje, bem longe, no sombrio mato,
> Vive Branca de Neve, agora a mais formosa,
> Com pequeninos anões, à beira dum regato.
>
> Irmãos Grimm. *Branca de Neve*.

Complete as frases com as características que estão no texto.

a) Já fostes a mais _____.

b) Mas hoje, bem longe, no _____ mato.

c) Vive Branca de Neve, agora a mais _____.

145

ORTOGRAFIA 19

Palavras com l/u (no meio da palavra)

Palavras com l

adulto	calma
álbum	colcha
alcançar	colmeia
álcool	falso
alfabeto	falta
alface	felpudo
alfaiate	filme
alfinete	filtro
algazarra	golpe
algodão	maldade
alguém	multa
algum	palco
alma	palma
almoço	palmeira
almofada	palmito
altar	palmo
alto	pulga
balde	resolver
bolso	salto
calçada	soldado
calçado	talco
calcular	voltou
cálculo	vulto
caldo	

Palavras com u

açougue	couro
aplauso	couve
astronauta	lavoura
auditório	louca
aumentar	louro
aumento	pousa
automóvel	ouça
autor	ouro
autorama	pausa
autoritário	pauta
besouro	roubo
cauda	saudade
caule	saúde
causa	tesoura
Cláudio	

$2 + 2 = 4$

GRAMÁTICA E ORTOGRAFIA

ATIVIDADES

1 Complete as palavras com **au** ou **ou**.

a) _____ro
b) s_____dade
c) bes_____ro
d) c_____ro
e) c_____ve
f) r_____co
g) tes_____ra
h) _____mento
i) j_____la

2 Descubra as palavras do retângulo juntando as sílabas.

a) as / nau / tro / ta _____

b) mó / vel / to / au _____

3 Copie as palavras do quadro na coluna certa.

falta – pausa – calma – maldade – saudade – jaula
talco – autor – aumento – palco – palma – salto

Palavras com u	Palavras com l

147

4 Complete as palavras com **au** ou **al**. Depois, copie as palavras iniciadas pela letra **a**.

_____cool   _____moço   _____tomóvel   s_____dade

c_____da   _____finete   _____bum   f_____ta

p_____ma   _____ditório   s_____to   c_____çado

_____torama   c_____le   _____mento   m_____dade

_____

5 Invente uma história em que apareçam as palavras do quadro:

> saudade – calçada – alguém
> ouro – algodão – maldade

_____
_____
_____
_____
_____
_____
_____
_____

GRAMÁTICA 20

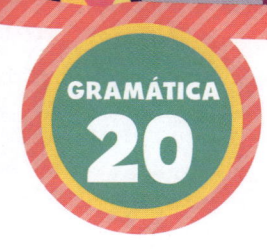

Palavras que indicam ação (parte 1)

O pato

O pato pateta
Pintou o caneco
Surrou a galinha
Bateu no marreco
Pulou do poleiro
No pé do cavalo
Levou um coice
Criou um galo
Comeu um pedaço
De jenipapo
Ficou engasgado
Com dor no papo
Caiu no poço
Quebrou a tigela
Tantas fez o moço
Que foi pra panela.

Vinicius de Moraes. *A arca de Noé*.

Veja as palavras destacadas.

Surrou a galinha.
Pulou do poleiro.
Quebrou a tigela.

As palavras **surrou**, **pulou** e **quebrou** comunicam o que o pato fez. São chamadas **palavras que indicam ação**.

ATIVIDADES

1 Todo dia, desde a hora em que você acorda até a hora em que vai dormir, você realiza muitas ações. Escreva tudo o que você faz. Depois, com um colega, compare os textos. Será que o dia a dia de vocês é parecido?

_____
_____
_____
_____
_____
_____
_____
_____

2 Circule as palavras que indicam ação presentes no texto abaixo.

— Cadê o toucinho que estava aqui?
— O gato comeu.
— Cadê o gato?
— Foi pro mato.
— Cadê o mato?
— O fogo queimou.
— Cadê o fogo?
— A água apagou.
— Cadê a água?
— O boi bebeu.
— Cadê o boi?
— Está amassando trigo.
— Cadê o trigo?
— A galinha espalhou.
— Cadê a galinha?
— Está botando ovo.

150 GRAMÁTICA E ORTOGRAFIA

3 Complete as frases com uma palavra que indica ação.

a) O menino _____ os olhos devagar.

b) O gato _____ o muro da escola.

c) A professora _____ os exercícios.

d) O goleiro _____ a bola.

4 Forme frases com cada palavra que indica ação.

cair

_____

sonhar

_____

escrever

_____

inventar

_____

chorar

_____

correr

_____

estudar

_____

comer

_____

ORTOGRAFIA 20 — Palavras com ç/ss

Passeio na praça

Um cão de raça passeava pela praça.

Com um osso na boca, passou pela calçada um cão vira-lata, todo assustado.

O cão vira-lata se coçava, se coçava.

O cão de raça latiu assim:

— Vá tomar banho, seu porco!

O cão vira-lata colocou o osso na calçada e latiu para o cão de raça:

— Tire essa coleira de aço, seu palhaço.

Hermínio Sargentim.
Texto escrito especialmente para esta obra.

Palavras com ç

aço	direção
açucareiro	espaço
açúcar	esperança
atenção	força
aviação	laçada
braço	lembrança
caçada	lição
calça	licença
carroça	palhaço
construção	pescoço

Palavras com ss

assadeira	passarinho
assado	pássaro
assim	passeio
assinatura	pêssego
assoalho	pessoa
assobio	possível
assoprar	pressão
assustado	professora
classe	profissão
depressa	quermesse

ATIVIDADES

1 Retire do texto "Passeio na praça" (p. 152) palavras escritas com **ss** e com **ç**.

Palavras com ss	Palavras com ç

2 Leia as palavras escritas com **ç** e **ss** da página 152 e dos exercícios anteriores.

a) Uma semelhança existente entre essas palavras é que em todas elas aparece um mesmo som. Que som é esse?

_____

b) Na escrita, como esse som aparece representado?

_____

c) A letra **c** pode também representar o som **s**. Quando isso acontece?

_____

153

3 Forme uma frase com cada par de palavras.

a) pessoas – assoprar

_____

_____

b) sossegado – depressa

_____

_____

4 Associe as palavras da mesma família.

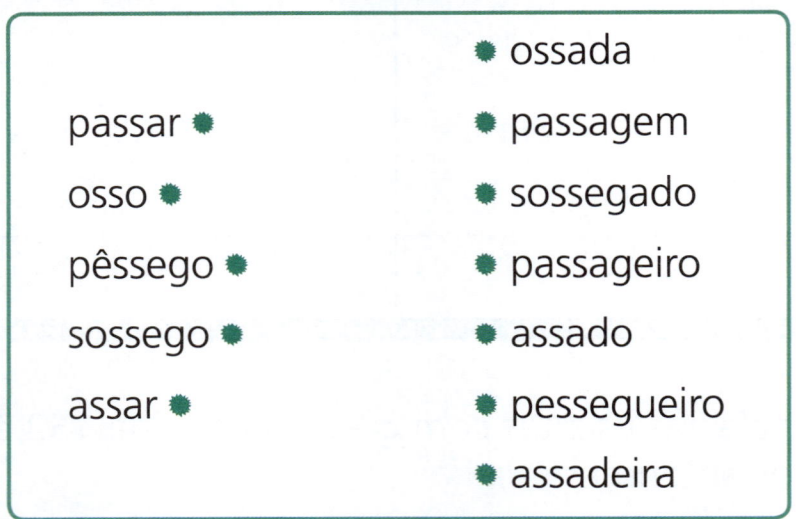

- passar
- osso
- pêssego
- sossego
- assar

- ossada
- passagem
- sossegado
- passageiro
- assado
- pessegueiro
- assadeira

5 Complete com **ss** ou **ç**.

a) pesco____o **h)** so____ego **o)** educa____ão

b) gro____o **i)** se____enta **p)** depre____a

c) a____ustado **j)** cora____ão **q)** pê____ego

d) pa____eio **k)** li____ão **r)** len____o

e) a____ombra **l)** mi____ão **s)** pa____agem

f) licen____a **m)** a____úcar **t)** a____obiar

g) cal____a **n)** espa____o **u)** a____a____ino

GRAMÁTICA 21

Pessoas que praticam a ação

O namoro

O sapo Pula-Pula pulou, pulou, até que encontrou uma sapa. Eles foram ao lago.

O sapo falou:

— Sapa, você quer namorar comigo?

E a sapa falou:

— Eu quero namorar com você!

— Então vamos beijar na boca?

Rafael, 7 anos.

As palavras **eles**, **você**, **eu** indicam quem faz a ação, isto é, a pessoa que faz uma ação.

Pessoa (Quem?)	Ação (O que faz?)
Eu	beijei.
Ele	beijou.
Ela	beijou.
Você	beijou.
Nós	beijamos.
Eles	beijaram.
Elas	beijaram.
Vocês	beijaram.

155

ATIVIDADES

1 No texto seguinte, escreva a pessoa que pratica a ação.

    Fufua é meu grande amigo. _____ dois nos entendemos muito bem. _____ até conversa com uma amiga que _____ tenho, a Teresa. Os outros não acreditam que _____ existe. Dizem que é "amiga imaginária". Pode? Pois _____ garanto que da janela do meu quarto dá pra ver a grande casa cor-de-rosa, onde _____ mora.

    _____ descasca as laranjas mais redondinhas que _____ já vi. A casca sai inteirinha, encaracolada.

    _____ faz isso sempre no café da manhã, comigo no colo. Acho vovô tão alegre e bonito, com pijama branco de listras vinho e com roupão cinza, de seda, que combina com seu cabelo ralo e com seu rosto gorducho e rosado.

Ana Lúcia Brandão. O avô mágico.

3 Observe os quadrinhos na próxima página, imagine e escreva, nos balões, as falas das personagens. Nas falas, use **eu**, **ele**, **ela**, **nós** e palavras que indiquem ação.

157

ORTOGRAFIA 21

Consoante sem vogal

O que as borboletas comem?

As borboletas adultas não precisam de muito alimento, mas necessitam de coisas doces, como o **néctar**, para terem energia. As flores de cores vivas têm esse líquido. A borboleta desenrola sua língua comprida e suga esse **néctar** grudento de dentro das flores. Quando está com sede, toma água de lagos e riachos.

Carolina Caires. *Como? Onde? Por quê?* São Paulo: Girassol, 2007.

Observe a palavra destacada do texto: né**c**tar.

Nessa palavra, há uma consoante que não vem seguida de vogal. É uma **consoante muda**.

Na separação de sílabas, essa consoante deve ficar em sílaba diferente da consoante seguinte: né**c** - **t**ar.

Veja outras palavras em que a consoante é muda.

a**dv**ogado	a**dm**itir	su**bt**ração	**ps**icólogo
a**dm**irável	o**bj**eto	su**bt**rair	**pn**eu
a**dv**entista	o**bj**etivo	su**bc**lasse	**pn**eumonia
a**dv**ersário	i**gn**orar	su**bt**errâneo	di**gn**o
a**dv**ertir	i**gn**orância	si**gn**o	di**gn**idade
a**dv**ertência	i**gn**orante	si**gn**ificado	rece**pç**ão
a**dm**inistrar	té**cn**ico	si**gn**ificar	o**pç**ão
a**dm**irar	te**cn**ologia	**ps**icologia	o**bs**táculo

ATIVIDADES

1) Forme palavras.

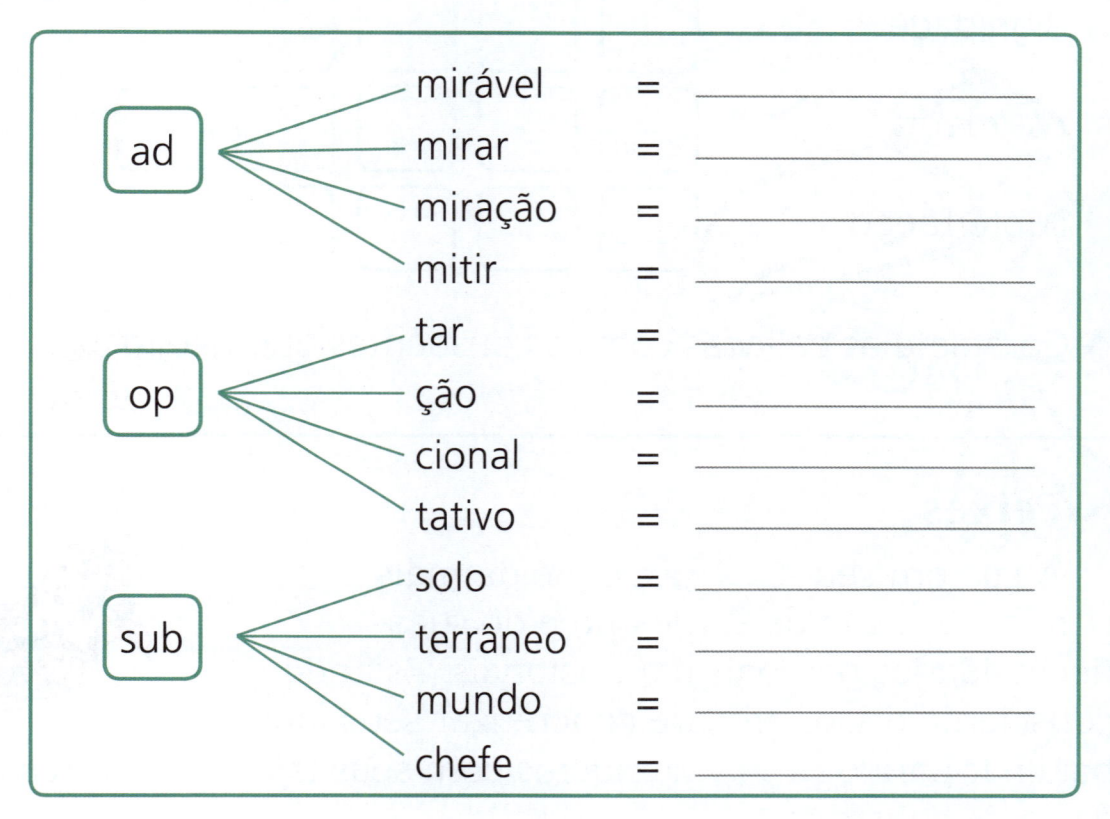

ad	mirável	=	_____
	mirar	=	_____
	miração	=	_____
	mitir	=	_____
op	tar	=	_____
	ção	=	_____
	cional	=	_____
	tativo	=	_____
sub	solo	=	_____
	terrâneo	=	_____
	mundo	=	_____
	chefe	=	_____

2) Agora, copie as palavras que você formou.

_____
_____
_____
_____
_____

3 Separe as sílabas.

advogado

adversário

dignidade

psicologia

subterrâneo

4 Complete as palavras com as consoantes que faltam.

Peixes

A Lua em seu si_____o lhe dá mais percep_____ão de si mesmo e de suas necessidades pessoais e emocionais. Estando consciente disso, procure concretizar seus ideais e batalhar para o_____ter lucros com seus talentos e com sua garra de construir.

Disponível em: <www.capricho.abril.com.br>.

---

5 Escreva uma frase com as palavras de cada item.

a) psicóloga – admirável

_____

b) advogado – advertir

_____

160 GRAMÁTICA E ORTOGRAFIA

GRAMÁTICA 22

Palavras que indicam ação (parte 2)

> De dois beijos tenho lembrança,
> Que jamais esquecerei,
> O último de minha mãe
> E o primeiro que te dei.

Uma ação pode acontecer no tempo:

a) passado (ontem):

O primeiro beijo que te **dei**.

b) presente (agora):

De dois beijos **tenho** lembrança.

c) futuro (amanhã):

O primeiro beijo que te **darei**.

Cantar

Presente	Passado	Futuro
Eu canto	Eu cantei	Eu cantarei
Tu cantas	Tu cantaste	Tu cantarás
Você canta	Você cantou	Você cantará
Ele/Ela canta	Ele/Ela cantou	Ele/Ela cantará
Nós cantamos	Nós cantamos	Nós cantaremos
Vós cantais	Vós cantastes	Vós cantareis
Vocês cantam	Vocês cantaram	Vocês cantarão
Eles/Elas cantam	Eles/Elas cantaram	Eles/Elas cantarão

Vender

Presente	Passado	Futuro
Eu vendo	Eu vendi	Eu venderei
Tu vendes	Tu vendeste	Tu venderás
Você vende	Você vendeu	Você venderá
Ele/Ela vende	Ele/Ela vendeu	Ele/Ela venderá
Nós vendemos	Nós vendemos	Nós venderemos
Vós vendeis	Vós vendestes	Vós vendereis
Vocês vendem	Vocês venderam	Vocês venderão
Eles/Elas vendem	Eles/Elas venderam	Eles/Elas venderão

Dividir

Presente	Passado	Futuro
Eu divido	Eu dividi	Eu dividirei
Tu divides	Tu dividiste	Tu dividirás
Você divide	Você dividiu	Você dividirá
Ele/Ela divide	Ele/Ela dividiu	Ele/Ela dividirá
Nós dividimos	Nós dividimos	Nós dividiremos
Vós dividis	Vós dividistes	Vós dividireis
Vocês dividem	Vocês dividiram	Vocês dividirão
Eles/Elas dividem	Eles/Elas dividiram	Eles/Elas dividirão

ATIVIDADE

Você sabe como é a brincadeira chamada **Queimada**? Leia o texto e descubra.

Queimada
(ou baleado, bola-queimada, caçador, cemitério, matar-morreu)

Dois times se colocam um em cada lado de um espaço grande, como uma quadra de esportes. Quem fica com a bola tem de queimar alguém do outro time: acertá-lo com a bola.

Se conseguir, o queimado vai para a cadeia. Cada time tem sua cadeia, que fica atrás do seu lado na quadra.

> Se o queimado agarrar a bola, pode correr e tentar queimar um inimigo.
>
> Quem está na cadeia também participa. O queimador pode tabelar, jogando a bola para alguém da cadeia queimar o inimigo por ele.
>
> Se o preso conseguir, volta correndo para o seu time. Ganha quem conseguir prender todos os adversários.
>
> Também dá para jogar marcando tempo. Daí o vencedor é quem conseguir prender mais gente no tempo combinado.
>
> *Folha de S.Paulo*, 16 abr. 2000.

a) Escolha duas frases do texto e reescreva-as, mudando as palavras que indicam ação para o tempo passado.

1. _____

2. _____

b) Escolha duas outras frases do texto e reescreva-as, mudando as palavras que indicam ação para o tempo futuro.

1. _____

2. _____

ORTOGRAFIA 22

Palavras terminadas em -ão/-am

Teresinha de Jesus
De travessa foi ao chão
Acudiram três cavaleiros
Todos três de chapéu na mão.

Palavras de ação	
Tempo passado: -am	Tempo futuro: -ão
eles abrir**am**	eles abrir**ão**
eles achar**am**	eles achar**ão**
eles cantar**am**	eles cantar**ão**
eles chegar**am**	eles chegar**ão**
eles continuar**am**	eles continuar**ão**
eles conversar**am**	eles conversar**ão**
eles escrever**am**	eles escrever**ão**
eles estudar**am**	eles estudar**ão**
eles falar**am**	eles falar**ão**
eles ler**am**	eles ler**ão**
eles olhar**am**	eles olhar**ão**
eles pular**am**	eles pular**ão**
eles sonhar**am**	eles sonhar**ão**

Nomes em -ão

arranh**ão**
atra**ção**
bot**ão**
casc**ão**
ch**ão**
constru**ção**
corre**ção**
distra**ção**
educa**ção**
emo**ção**
esta**ção**
fog**ão**
informa**ção**
inje**ção**
li**ção**
macarr**ão**
m**ão**
mel**ão**
p**ão**
pi**ão**
polui**ção**
refei**ção**
sab**ão**
sele**ção**

ATIVIDADES

1) Nas frases abaixo, as palavras que indicam ação estão no tempo presente. Reescreva-as, passando os verbos para o passado e para o futuro. Siga o exemplo do quadro.

> Os garotos brincam com a bola.
> Os garotos brincar**am** com a bola.
> Os garotos brincar**ão** com a bola.

a) As crianças compram doces no supermercado.

_____

_____

b) Fabiana e Gustavo nadam na piscina do hotel.

_____

_____

2) Reescreva as frases no plural. Siga o exemplo do quadro.

> A menina brincará com a boneca amanhã.
> As meninas brincar**ão** com a boneca amanhã.

a) O rapaz jogará tênis amanhã.

_____

_____

167

b) O cachorro pulará o muro.

_____

_____

c) O diretor mandará punir os desordeiros.

_____

_____

3 Leia o texto.

> Nessa hora o homem desperta
> com o rosto descansado e forte para
> o trabalho.
> A música das ruas e campos
> é de passos e esperança.
> As casas abrem suas janelas
> e portas.
> As crianças tomam o caminho da
> escola.
> Os pássaros deixam os ninhos e
> bordam com asas e voos o azul.
>
> Bartolomeu Campos de Queirós. *Rosa dos ventos*.

Reescreva, em seu caderno, esse texto de duas maneiras:

1º) contando os fatos no tempo passado;

2º) contando os fatos no tempo futuro.